Ute Tietje

KANADISCHE KÜCHE

ESSEN WIE DIE TRAPPER, INDIANER, HOLZFÄLLER

UND FARMER ONTARIOS

BUFFALO VERLAG

Ute Tietje

Kanadische Küche
- Essen wie die Trapper, Indianer, Holzfäller und Farmer Ontarios

ISBN 980-3-98091415-4

1. Auflage 2008
2. Auflage 2009

Lektorat: Dr. Holger Holzschuher
Titelfoto: Ute Tietje
Cover Layout: Nils Heise
Fotos: Ute Tietje
Weitere Fotos: Becky Foster S. 33, June Hill S. 39, Lisa Banks S. 62, S. 12

Druck und Bindung: Advantage Printpool, Gilching

INHALTSVERZEICHNIS

Mein Dank gilt:

Leonard (Len) Ciphery, Port Sydney, Ontario,

als Gastgeber und kulinarischer Berater

VORWORT

Glitzerndes Wasser – Ontario – nannten die Irokesen das endlos weite Land in der Mitte Kanadas. Eine Provinz, in deren subarktischem Norden klimatische Verhältnisse fast wie in Sibirien herrschen und in deren Süden man sich im Sommer bei Temperaturen von teilweise über 30 °C an tropisch anmutenden Stränden wähnt. Einige der Seen sind so groß, dass am Horizont kein Land zu erblicken ist.

Traditionsbewusst und stolz auf die geschichtliche Vergangenheit ihres Heimatlandes zeigen sich Ontarios Einwohner, die großen Wert auf eine vielfältige naturnahe Küche und gute Getränke legen.

In Kanada wurden schon im 19. Jahrhundert Gemüse- und Obstsorten angebaut, die bei uns erst nach dem 2. Weltkrieg durch den Zuzug südländischer Gastarbeiter und durch Urlaubsreisen ans Mittelmeer Einzug hielten. Bereits Ende des 17. Jahrhunderts hatten die Engländer für die Männer der Hudson's Bay Company zur Bekämpfung von Skorbut haltbar gemachten Zitronensaft eingeführt.

In diesem rauen Land gab es Zeiten, in denen Überfluss an allem herrschte und andere, in denen man froh war, wenn man aus irgendetwas eine Mahlzeit zubereiten konnte. So wie damals, wenn nicht immer alles vorrätig war, werden auch heute notfalls Zutaten ausgetauscht, ob es sich nun um Fleisch, Fisch oder auch Nüsse handelt.

Die ursprünglichen Rezepte dieses Buches beruhen weitgehend auf mündlichen Überlieferungen, nach denen in früherer Zeit bei Indianern, Trappern, Holzfällern, Händlern und Farmern die Mahlzeiten zubereitet wurden. Bereichert durch die Einflüsse weiterer Einwanderer und modernerer Kochgelegenheiten hat sich die Zubereitung der Gerichte ein wenig geändert und sie sind vor allem nicht mehr ganz so kalorienreich wie zu Pionierzeiten.

Ob als Gastgeber bei privaten Dinner- oder BBQ-Parties mit Freunden und Verwandten, bei Kochwettbewerben oder auch als Restaurantbesitzer – man ist stolz auf die ererbten Kochrezepte. Auf Farmermärkten bieten alte Damen auf ihren Ständen stolz Marmeladen, Pasteten und eingelegtes Gemüse an – alles nach überlieferten Familienrezepten hergestellt.

HISTORISCHER HINTERGRUND

Bereits vor 10.000 Jahren war Kanada von den Inuit (Eskimos) und den Indianern dünn besiedelt. Um ca. 900 n. Chr. erreichten die Wikinger die nordamerikanische Küste bei Neufundland, aber erst 1497 betraten mit den Briten weitere Europäer das „neu gefundene Land". 1534/1535 landeten die Franzosen am Sankt-Lorenz-Strom und gründeten Nouvelle France, die heutige Provinz Québec.

Während der Engländer Henry Hudson 1610 bis zu der nach ihm benannten Hudson Bay, dem größten Binnengewässer des Kontinents, vordringt, folgen französischen Forscher fast zur gleichen Zeit dem Sankt-Lorenz-Strom bis in den Lake Ontario. Sie kamen in Kontakt mit den Huronen und wurden die ersten europäischen Handelspartner der Indianer.

Die Huronen übermittelten ihnen ihre Überlebenstechniken, so dass die Einwanderer sich den harten Bedingungen des rauen Landes anpassen konnten. Die Fremdlinge aus der alten Welt lernten außerdem Kräutermedizin, das Kanu, den Schlitten sowie die Schneeschuhe kennen.

Sie erkannten allerdings auch sehr schnell, dass sie etwas sehr Wertvolles gefunden hatten: Pelztiere in Hülle und Fülle, deren Felle in Europa sehr begehrt waren. 1663 übernahm die französische Krone die Verwaltung von Nouvelle France. Erste Siedler ließen sich im Süden nieder, wo nicht nur Klima und Boden für die Landwirtschaft gut geeignet waren, sondern auch der Sankt-Lorenz-Strom und die großen Seen als ideale Transportwege zur Verfügung standen.

Zu dieser Zeit besaßen die Franzosen ein Monopol im kanadischen Fellhandel. Nach einer erfolgreichen Expedition der Engländer zur Hudson Bay wurde 1670 jedoch die Pelzhandelsgesellschaft „Hudson's Bay Company",

eine der ältesten heute noch existierenden Firmen der Welt, gegründet. Eine königliche Besitzurkunde gewährte dem Unternehmen das Monopol auf den Handel mit den Indianern, insbesondere auf den Fellhandel in einem unermesslich großen Gebiet. Rupert's Land genannt, erstreckte es sich von der Hudson Bay Hunderte von Kilometern nach Süden und Westen.

Im Frühling und Sommer paddelten die eingeborenen Trapper, die neben weißen Abenteurern den größten Teil des eigentlichen Fallenstellens erledigten, mit ihren pelzbeladenen Kanus zu den Forts an der Hudson Bay. Im Austausch für die Felle erhielten sie üblicherweise Metallwerkzeug, Kleidung, Schmuck, Jagdwaffen sowie die begehrten Metallkochtöpfe.

Franzosen und Briten, beide äußerst interessiert an den kommerziellen Nutzungsmöglichkeiten des Landes, ganz besonders aber am lukrativen Pelzhandel, wurden zu erbitterten Konkurrenten, so dass 1689 die Auseinandersetzungen zwischen den beiden Nationen um Pelzhandel und Fischereirechte begannen. Während die Engländer von den Stämmen der Irokesen-Liga unterstützt wurden, erhielten die Franzosen Hilfe von ihren Handelspartnern der Algonkin-Sprachfamilie.

Nach dem Siebenjährigen Krieg in Europa (1756 bis 1763) mussten die Franzosen ihre Kolonien, auch die kanadischen, an die Briten abtreten, die dem früheren Nouvelle France allerdings eine sprachliche Sonderstellung zubilligten.

Nach Ende des amerikanischen Unabhängigkeitskriegs verließen Tausende britischer Loyalisten die USA und suchten Zuflucht in Kanada. 1791 wurde die alte Provinz Québec in Upper Canada (heute: Ontario) und Lower Canada (heute: Québec) geteilt, jeweils mit einem eigenständigen Parlament. Hieß die erste Hauptstadt Ontarios Newark (heute: Niagara-on-the-Lake), wurde die Hauptstadt schon zwei Jahre später nach York (heute: Toronto) verlegt.

Unstimmigkeiten über den Grenzverlauf führten 1812 zum Krieg zwischen den USA und Großbritannien. Die Amerikaner marschierten in Upper Canada ein, um sich die nordamerikanischen Kolonien der Briten einzuverleiben und zerstörten die Regierungsgebäude Torontos. Im Gegenzug marschierten 1814 die britischen Kolonisten in Washington ein und brannten das Kapitol und das Weiße Haus nieder. Die Kriegshandlungen wurden zum Jahresende mit der Unterzeichnung des Friedensvertrages von Gent eingestellt. 1818 einigte man sich über den Grenzverlauf vieler Gebiete.

1841 legte man Upper und Lower Canada als Ost- und Westkanada wieder zusammen. Bis 1843 hieß die Hauptstadt Kingston, anschließend Montreal. 1867 vereinigte man die Provinzen Ontario, Québec,

Nova Scotia und New Brunswick zu einem einzigen unabhängigen Land, dem Dominion of Canada. Schon bald nach der Konföderation erwarb

Kanada Rupert's Land von der Hudson's Bay Company. Drei heutige Provinzen Kanadas gingen daraus hervor: Manitoba, Alberta und Saskatchewan.
Um 1880 wurde dann der Bergbau in Ontario populär, nachdem Kupfer, Nickel und andere Mineralien im Norden der Provinz gefunden worden waren. Zwischen 1911 und 1913 immigrierten eine Million Menschen. Die meisten blieben in Ontario. 1931 wurde Kanada als bundesstaatlich strukturierte Monarchie mit der britischen Königin als Staatsoberhaupt weitgehend unabhängig innerhalb des Britischen Commonwealth. Der Victoria-Day wird auch heute noch zu Ehren des Geburtstages von Queen Victoria am 24. Mai 1819 immer am Montag vor dem 25. Mai gefeiert.
Das heutige Kanada kann man als Nation der Nationen beschreiben, da die Regierung nicht wie in den USA einen Schmelztiegel anstrebt. „Einheit durch kulturelle Vielfalt“ heißt das Motto. Die Einwanderer sollen privat ihre traditionellen Bräuche pflegen und sich unter Beibehaltung ihrer kulturellen Wurzeln in die kanadische Gesellschaft integrieren. Man erwartet von den Einwanderern englische Sprachkenntnisse oder dass sie schnellstmöglich die Landessprache erlernen und sich vor allem den Gesetzen des Landes anpassen.

ONTARIO

Nach der Russischen Konföderation ist Kanada der größte Staat der Erde. Ein Land mit abenteuerlicher Vergangenheit, in dem immer noch der Pioniergeist der Trapper, Holzfäller, Goldsucher, Händler und Siedler lebt. Und ein Land, das in der von der UNO und der Weltbank jährlich über die Lebensqualität in den einzelnen Ländern veröffentlichten Statistik seit Jahren an der Spitze steht.
Die fünf großen Seen, die gemeinschaftlich von Kanada und den USA verwaltet werden, bilden das größte ständige Süßwasserreservoir der Welt. Auch wenn äußerst ressourcenreich - Mineralien, Öl, Gas, Holz und landwirtschaftliche Produkte -, laden nur wenige kanadische Regionen zur Besiedlung ein. Auf 90% der Fläche gibt es keine Ansiedlungen.
Ontario, zweitgrößte Provinz des Landes, mit Ausdehnungen, welche auf

Europa übertragen, ungefähr von Stuttgart bis Malaga reichen würden, wartet ebenfalls mit etlichen Superlativen auf. Mehr als 250.000 Seen und Flüsse bedecken rund ein Sechstel der Fläche Ontarios.

Die Niagara-Fälle, von den Indianern „Donnerndes Wasser“ genannt, sind vom Wasservolumen her die gigantischsten Wasserfälle der Welt. Die größte Süßwasserinsel der Erde, Manitoulin Island, liegt im Huron-See. Der zum Weltkulturerbe zählende Rideau-Kanal ist 202 km lang und die älteste ununterbrochen benutzte künstliche Wasserstraße der Welt. Im Winter werden 7,8 km des Kanals im Stadtzentrum zum Eislaufen freigeben und er ist damit die weltweit größte Schlittschuhbahn.

Der größte Teil der kanadischen Bevölkerung lebt an den großen Seen und im Tal des Sankt-Lorenz-Stromes. Mit 12 Millionen Einwohnern hat jeder dritte Kanadier sein Domizil in Ontario. Von den heute jährlich über 200.000 neuen Einwanderern lässt sich die Hälfte in Ontario nieder. Für Kanadier ist in dieser Provinz die Krankenversorgung kostenlos und sogar die Mehrwertsteuer konnte gesenkt werden.

Ontario, der politische, wirtschaftliche und zum Teil kulturelle Mittelpunkt Kanadas und die reichste Provinz, erreicht ein Produktionsvolumen, das so groß ist, wie das aller anderen Provinzen zusammen. Die Landwirtschaft ist eines der primären ökonomischen Standbeine; eine durchschnittliche Farm hat ca. 200 ha. Der Norden verfügt über unermessliche Erz- und Forstressourcen.

Da in Toronto, der Hauptstadt der Provinz Ontario, neben Englisch mehr als 70 verschiedene Sprachen gesprochen werden, gilt sie als multikulturellste Stadt der Welt. In Toronto hat sich nicht nur die umfangreichste italienische Population außerhalb Italiens angesiedelt, sondern als größte Stadt Kanadas beherbergt sie in ihrem Ballungsraum die Hälfte der Einwohner Ontarios.

1787 kauften die Briten die von den Huronen Toronto (Treffpunkt) genannte Region drei Indianerstämmen ab. Das 1793 am Ufer des Lake Ontario errichtete Fort York war der Grundstein für die spätere, äußerst puritanische Stadt, die 1834 in Toronto umbenannt wurde.
Kanadas Hauptstadt Ottawa, die einzige offiziell zweisprachige Stadt, kommt lediglich auf 800.000 Einwohner. Sie wurde 1827 von Colonel By unter dem Namen Bytown gegründet, als der Rideau-Kanal, die Wasserverbindung nach Kingston gebaut wurde. Der Ort wuchs schnell, aber nach der Fertigstellung des Kanals 1932 hießen die Haupteinnahmequellen Holz- und Landwirtschaft. 1857 wählte Königin Viktoria Ottawa als Hauptstadt aus, da Montreal ihr zu französisch war und Toronto im Kriegsfall mit den USA vom Ontariosee aus zu leicht angreifbar gewesen wäre. Entsetzen bei den Kanadiern darüber, dass in einem „subarktischen Holzfällerdorf" über das Geschick ihres Landes entschieden werden sollte. Das Parlamentsgebäude und die ähnlich wie Big Ben klingende Glocke erinnern stark an London, ebenso wie die davor patrouillierenden Soldaten mit ihren roten Jacken und Bärenfellmützen.

Durch die Weite Ontarios bedingt, herrschen unterschiedliche Klimaverhältnisse: im Norden an der Hudson Bay subarktisches Klima mit strengen Wintern und kühlen Sommern, im Süden kontinentales Klima mit kurzen, trockenen, heißen Sommern und langen, kalten Wintern mit heftigen Schneefällen. Zwischen Sommer und Winter der Indian Summer mit seiner überwältigenden Farbenpracht.
Die ruppig-schöne Landschaft Ontarios, die sich in großen Gebieten bis jetzt jeder systematischen Besiedlung widersetzt hat, ist ein riesiges Paradies für Naturfreunde und Lebensraum für eine reiche Tierwelt. So unter anderem für den Eisbär, Schwarzbär, Luchs, Elch, Grauwolf, Weißschwanzhirsch, das Karibu und Walross, für Seehund, Kojote, Rotfuchs und das kanadische Riesenmurmeltier (Groundhog). Die Vogelwelt ist ebenso breit gefächert und bunt. Je nach Region sichtet man, um nur ein paar zu nennen, Weißkopfadler, Geier, Buntfalke, Kardinal, weißen Pelikan, Blaureiher, Blauhäher, verschiedene Eulenarten, wilden Truthahn, Kolibri, Haubenspecht, Kanada-Gans und der Loon, dessen Gelächter oft an den Seen zu hören ist.

Zu den unangenehmsten Bewohnern Ontarios gehören die tagaktiven oft in Schwärmen erscheinenden nur 2 – 5 mm großen „Black Flies“, die von Mai bis Ende Juni ihr Unwesen treiben. Sie stechen nicht, sondern schneiden kleine Stücke aus der Haut und spritzen ein Antigerinnungssekret in die Wunde, damit das Blut flüssig bleibt. Durch die vielen Seen und Flüsse bedingt, bevölkern auch unendlich viele Mücken die Wälder, je weiter nördlich, desto schlimmer.

DIE INDIANER

Als die Engländer und Franzosen eintrafen, lebten ca. 60.000 Ureinwohner in den jetzigen Grenzen Ontarios. Die Indianer - über 190.000 sind heute registriert – teilen sich in zwei Sprachgruppen ein: Algonkin im Norden und Irokesisch in den zentralen und südlichen Regionen mit einzelnen Dialekten. Zur Algonkin-Sprachgruppe gehören die Ojibwa, Ottawa, Potawatomi, Algonkin und die nomadischen Cree. Die Stämme der Irokesen-Liga sowie Huronen, Tobacco, die Erie und einige weitere kleine Stämme sprachen Irokesisch.

Die Nachkommen dieser Stämme leben heute in kanadischen und amerikanischen Reservaten oder in Oklahoma, dem ehemaligen Indian Territory, wohin die Angehörigen vieler Stämme verschleppt wurden.

Ontarios First Nations, wie die Ureinwohner Amerikas genannt werden, lebten vom Fischfang, der Jagd, sammelten Früchte des Waldes und betrieben Ackerbau. Bohnen, Kürbis, Mais, Tabak und Sonnenblumen wuchsen auf ihren Feldern. Der unendliche Fischreichtum der Seen und Flüsse ergänzte mit Forelle, Hecht, Karpfen, Barsch, Weißfisch, Hering, Stör, Wels und Lachs das ganze Jahr die Speisekarte der Indianer. Mutter Natur schenkte ihnen auch Wildkräuter, Wildgemüse und Wildfrüchte wie Blaubeeren, Erdbeeren, Cranberries, Kirschen und Weintrauben. Durch Trocknen konserviert, fügte man sie zur geschmacklichen Abwechslung den Mais- und Fleischgerichten hinzu. Eine bedeutende Rolle spielte auch die Gewinnung des Ahornsirups. Als Naschwerk, Speisewürze, Notnahrung und später auch als Handelsware war Ahornzucker sehr beliebt.

Der Winter war die Hauptjagdsaison für Elche und andere schmalfüßige Huftträger wie Weißschwanzhirsche, Rehe und Karibu, da diese durch ihr Gewicht im tiefen Schnee einsackten. Durch ständige Verfolgung auf Schneeschuhen

ermüdete man die Tiere, bis sie leicht erlegt werden konnten. Aber auch Schwarzbären, Stachelschweine, Hasen, Biber, Bisamratten, Riesenmurmeltiere, Rebhühner, Wildenten und der Truthahn standen auf dem Speiseplan. Haustiere für den Verzehr kannte man auch in landwirtschaftlich orientierten Stämmen erst nach Ankunft der Missionare.

Das von den europäischen Händlern begehrte „weiche Gold" änderte die Jagdgewohnheiten vieler Indianer. Machte man wegen der Felle vor deren Erscheinen auf nur wenige Tiere Jagd, waren danach auch Marder, Otter, Biber, Fuchs, Luchs und Nerz begehrte Jagdobjekte. Da mit Speer, Pfeil und Bogen oder auch später der Muskete nicht genügend Tiere erbeutet werden konnten, wurden aus den Jägern Fallensteller, die die eisernen Fallen von den weißen Händlern im Tausch erwarben.

Eine wichtige Rolle spielte in den kanadischen Wäldern die Papierbirke, deren Rinde die beste und haltbarste war. Nicht alle Indianer hatten das Glück, diesen Baum auf ihrem Stammesgebiet zu finden. Aus den geisterhaft weißen Bäumen, die durch den Wald schimmerten, fertigten die Indianer ihre Baumrindenkanus. Da dieses Material sehr leicht ist, konnten aus ihm angefertigte Kanus problemlos von einem See bzw. Fluss zu einem anderen getragen werden. Die Birkenrinde sowie andere Baumrinden lieferten außerdem den Rohstoff für Teller, Schüsseln, Vorratsgefäße und Material zum Abdecken ihrer Wigwams, die indianische Bezeichnung für Wohnung oder Haus.

Einige Stämme lebten in kuppelförmigen, nicht transportablen Rundhütten, andere in Tipis aus Holz und Rinde oder im Langhaus. Für den Bau einer kreisförmigen oder ovalen Rundhütte wurden frische Birken-, Buchen-, Hickory- oder Ulmenstämme verwendet. Man steckte die Stangen in die Erde und band sie oben zusammen. Den Abschluss für das Gerüst bildeten Querstangen. Diese Kuppelhütten wurden mit Häuten, Rinde, Binsen-, Gras- und Schilfmatten bedeckt, je nachdem welches Material gerade zur Verfügung stand. In der Mitte des Daches befand sich ein Rauchabzug, darunter eine relativ kleine Feuerstelle.

Ein Langhaus, mit Runddach oder Giebeldach, hatte eine Länge von 30 – 100 m oder mehr und war 6 – 8 m breit. Es beherbergte bis zu 20 Familien je nach Größe der Sippe und konnte in Längsrichtung nach Bedarf vergrößert werden. Das Pfahlgerüst des fensterlosen Hauses mit jeweils einer Tür an der kurzen Seite, war mit großen Schindeln aus Ulmenrinde verkleidet. Im Mittelgang

des Hauses befand sich für jede der Familien in einem durch Matten abgeteilten Bereich eine Feuerstelle mit Rauchabzug.
Die Irokesen-Liga, deren Stämme ehemals im Süden Ontarios und dem heutigen US-Bundesstaat New York zuhause waren, galt als stärkstes indianisches Kriegsbündnis Nordamerikas. 1570 schlossen sich unter dem Mohawk-Häuptling Hiawaths fünf Stämme zusammen: die Mohawk, Cayuga, Oneida, Onondaga und Seneca. Um das Jahr 1720 traten auch die Tuscarora diesem Bündnis bei.

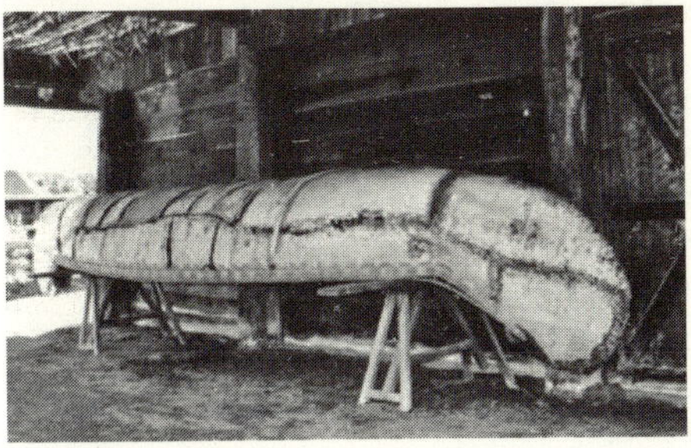

Diese Stämme lebten in palisadenbefestigten Dörfern, betrieben Landwirtschaft, jagten und fischten. Jedes Dorf bestand aus mehreren Clans, die in Langhäusern wohnten, dem die Clanmutter vorstand. Da bei ihnen keine Birken wuchsen, mussten sie ihre Kanus aus Ulmenrinde fertigen, materialbedingt plumpe, schwere Boote.
Durch den Pelzhandel mit Niederländern und Engländern änderte sich das Kräfteverhältnis zwischen den Stämmen schlagartig. Die Irokesen-Liga gelangte in den Besitz von Feuerwaffen und begann andere Stämme systematisch auszurotten
Die Irokesen-Stämme, insbesondere die Mohawk, sind seit Ende des 19. Jahrhunderts am Bau von Hochhäusern beteiligt, da sie als schwindelfrei gelten (z. B. des Empire State Building und des World Trade Center). Die Mohawk produzieren heute noch im Six-Nations-Reservat in Ontario eine 800 Jahre alte Zigarettensorte, die als älteste der Welt gilt.

Die Algonkin, ein Stamm mit patriarchalischer Sozialstruktur, der in Rundhütten lebte, waren am Ottawa River zuhause. Da die nördlichen Klimaverhältnisse kaum Landwirtschaft zuließen, ernährte sich dieser halbnomadische Stamm von der Jagd, dem Fallenstellen, dem Fischen und Sammeln wilder Pflanzen. Im Sommer zu Fuß und im Birkenkanu unterwegs, benutzten sie im Winter Schlitten und Schneeschuhe.
Die Huronen wohnten ursprünglich am Huron-See, dem Eriesee und in Gebieten am Sankt-Lorenz-Strom in gut befestigten Siedlungen mit Langhäusern. Sie wurden „Meistergärtner“ der „drei Schwestern“ genannt: Mais, Bohnen und Kürbis. Dazu bauten sie Tabak an. Jagd und Fischfang bereicherten ihre Ernährung.
Die Huronen organisierten die Handelsbeziehung im Pelzgeschäft zwischen

ihren Freunden, den Chippewa, und den Franzosen. Anfang des 17. Jahrhunderts schätzte man ihre Zahl auf 25.000 Stammesangehörige. In den Jahren 1634 bis 1640 ließen verschiedene Pockenepidemien und andere durch Weiße eingeschleppte Krankheiten ihre Zahl stark schrumpfen. Die Irokesen rotteten den von ihnen gehassten Stamm bis 1749 fast aus. Die überlebenden Huronen flohen und gründeten zusammen mit den ebenfalls von den Irokesen fast ausgerotteten Erie und Tobacco einen neuen Stamm, den sie Wayandot nannten und stellten sich unter den Schutz des mächtigen Volkes der Ottawa.

Die Ottawa wanderten im 14. Jahrhundert zusammen mit den Ojibwa und den Potowatomi von der Atlantikküste zu den Großen Seen, letztere zogen weiter in Richtung Nordwesten. Die drei Stämme verloren nie den Kontakt zueinander und bildeten eine mächtige Allianz, die sich „Council of Three Fires" (Rat der drei Feuer) nannte. Die Ottawa, deren Behausung Stroh-, Rinden- oder Fellhütten waren, blieben in der Region des French River und Ottawa River, bis die gut bewaffnete Irokesen-Liga sie um das Jahr 1650 aus ihrem angestammten Gebiet vertrieb. Da sie zurückwichen, wurden sie im Gegensatz zu anderen Stämmen nicht ausgerottet. Ihre Nachfahren sind heute teilweise in das alte Territorium zurückgekehrt.

Als Vertriebene zogen die Ottawa nach Manitoulin Island im Huron-See, weiteten dort jedoch ihr Stammesgebiet erheblich aus. Sie jagten und fischten, betrieben etwas Ackerbau, ernteten wilden Reis und nutzen die Wasserstraßen, um mit anderen Indianer-Stämmen Handel zu treiben. Nach der Ankunft der Franzosen etablierten sie sich als Zwischenhändler im Gebiet rund um die Großen Seen. Mit Ihren Kanus aus Birkenrinde transportierten sie die Felle befreundeter Stämme zu den Dörfern der Wyandot, wo die französischen Händler sie in Empfang nahmen. Umgekehrt versorgten sie weiter entfernt lebende Stämme mit französischen Handelswaren.

Die Ottawa blieben in der ganzen Zeit treue Alliierte der Franzosen und waren in all ihre Kriege gegen die Engländer verwickelt. Die Übernahme der französischen Kolonien durch die Briten 1763 bedeutete den Niedergang der Ottawa, da ihr Monopol im Zwischenhandel keinen Bestand mehr hatte. Ihr berühmtester Häuptling war Pontiac.

Die Ojibwa die sich ebenso wie die Ottawa, Potowatomi und Algonkin

„Anishinabe“, „das erste Volk“, nannten, waren einer der mächtigsten Stämme der großen Seen und lebten in Rundhäusern in weiten Gebieten nördlich und südlich des Huron- und Michigan-Sees. Sie ernährten sich vom Fischfang und der Jagd, ernteten Ahornsirup und den wilden Wasserreis, ihre Nahrungsgrundlage. Durch ihre Beteiligung am Pelzhandel kamen auch sie in den Besitz von Feuerwaffen und vertrieben die benachbarten Bauernstämme.

Für die an den Seen lebenden Chippewa, ein Zweigstamm der Ojibwa, bildeten Fischfang und Wildreisernte die Hauptnahrungsgrundlage. Da in ihrem Stammesgebiet zahlreiche Tierarten zuhause waren, pflegten sie zudem einen regen Pelzhandel mit ihren Nachbarn. Beim Vordringen der Weißen nach Westen hatten die Chippewa wie auch die Ojibwa mehr Glück als die Stämme des Ostens, da die Siedler aus der alten Welt wenig Interesse an ihrem für den Ackerbau wenig geeigneten Land hatten. Dadurch konnten sie selbst und zahlreiche Unterstämme überleben, allerdings heute verteilt in verschiedenen Reservaten in Kanada und den USA.

Wikwemikong war und ist die Heimat der Stämme, der Drei-Feuer-Konföderation. Dieses Indianerreservat mit der Nr. 26 liegt im östlichen Teil von Manitoulin Island, einer heiligen Stätte für Kanadas Ureinwohner. Wikwemikong – „Biberbucht“ im Dialekt der Ottawa – ist die einzige offiziell anerkannte „Unceded Indian Reservation“ Kanadas. Die Indianer, die hier leben, sind niemals umgesiedelt worden und haben niemals einen Vertrag geschlossen, in dem ihr Land der Regierung übereignet worden wäre. Sie könnten sich für unabhängig erklären.

Die Cree, ein im Norden heimischer, nomadischer Stamm der Algonkin-Sprachfamilie, verwendete bei Wanderungen durch das Stammesgebiet das Tipi. Hauptnahrung waren Karibu und Elch. Als die Cree in den Besitz von Pferden gelangten, ritten sie und ihre Verbündeten in die Prärie, um Büffel und Antilopen zu jagen, griffen allerdings mit den Gewehren, die sie von der Hudson's Bay Company erhalten hatten, auch andere Stämme an. Nur selten kämpften die Cree und ihre Verbündeten gegen Weiße, da es kaum Ansiedlungen in ihrem Gebiet gab.

Ein weiteres indigenes Volk, das 1982 von Kanada anerkannt wurde, sind die Métis. Sie sind Nachfahren der europäischen Pelzhändler und Trapper mit Frauen indianischer Abstammung. Ein stolzes Volk, mit einem starken Bewusstsein für die eigene Identität, das als äußerst attraktiv bezeichnet wurde, denn die Métis waren groß, schlank und gut proportioniert.

LEBENSWEISE GESTERN UND HEUTE

Die Ess- und Lebensgewohnheiten der Pioniere Ontarios wurden nicht nur von ihrer Herkunft, dem Familienstand und ihren jeweiligen Berufen geprägt, sondern auch von der Umgebung, der Weitläufigkeit des Landes sowie seinen Ureinwohnern beeinflusst.

Die Militärs lebten teilweise in Forts, auf den Märschen in Zeltlagern und verfügten zwar über Köche, doch meist kamen nur die Offiziere in den Genuss der gewohnten heimischen Küche. Einfache Soldaten mussten in der Regel ihre Mahlzeiten an eigenen Lagerfeuern zubereiten.

Die Trapper (Fallensteller) gehörten neben den Forschern häufig zu den ersten, die unbekannte Gefilde entdeckten. Sie lebten viele Monate allein in der Wildnis und unterhielten freundschaftliche Kontakte zu den Indianern. Manchmal überwinterten sie auch bei ihnen und kauften eine indianische Frau, die sie mit in ihre Blockhütte in ihrem Jagdgebiet nahmen. Bereitete der Trapper, wenn er allein unterwegs war, seine Mahlzeiten über dem offenen Lagerfeuer zu, versorgte ihn zuhause seine Indianerin. Doch nicht nur Trapper, auch Händler und andere Männer erwarben eine indianische Frau, die sich um ihr Wohlergehen kümmerte.

Voyageurs nannte man die angestellten Kanuten, deren Aufgabe es war, Waren auf Flüssen und Seen zu transportieren. Ihr Essen war nicht sehr abwechslungsreich, auch wenn die Kanuflotten von einem Koch begleitet wurden. Dicke Suppen aus getrockneten Erbsen oder Mais, mit ein wenig gesalzenem Speck gewürzt, waren an der Tagesordnung. Fingen sie Fische oder erbeuteten sie zufällig Wild, kam alles in den großen Topf. Meist diente Pemmican (S. 60) tagsüber als Nahrung.

Die Holzfäller, Lumberjacks genannt, lebten in Camps aus Zelten oder Blockhäusern, die ungefähr jeweils 20 Männern Schlafplätze boten. Meistens lagen die Camps an Flüssen oder Seen, da die Holzstämme auf dem Wasserweg zu den Sägemühlen transportiert wurden. Die schwer arbeitenden Männer waren anspruchvolle Esser und quittierten einen zähen Pfannkuchen durchaus damit, dass sie ihn an die Küchentür des Campkochs nagelten. Fisch stand fast immer auf der Speisekarte, vor allem Forellen und Lachs, gelegentlich aber auch Wild.

Die Siedler brachten nicht nur ihre Kultur, sondern auch ihre Familien in der

Hoffnung auf ein besseres Leben mit in die neue Welt. Sie lernten schnell ihre gewohnten Anbaumethoden dem Klima der neuen Heimat anzupassen, ihnen bisher unbekannte landwirtschaftliche Produkte anzubauen und daraus schmackhafte Mahlzeiten zuzubereiten

Selbst in kleineren Städten (15.000 Einwohner) ist heute das Lebensmittelangebot wesentlich vielfältiger als in deutschen Großstädten. Egal ob es sich um Gemüse, Obst, Gewürze oder auch alkoholische Getränke handelt,

die allerdings nur in den staatlichen LCBO-Shops gekauft werden können. Da durch das nordische Klima nur eine kurze Erntezeit möglich ist, werden in der anderen Zeit landwirtschaftliche Produkte von überall auf der Welt eingeführt. Durch die langen, schneereichen Winter an umfangreiche Vorratshaltung gewöhnt, greift man notfalls wie seit jeher auf Eingemachtes oder auch Dosenprodukte zurück, um ein Gericht aufzupeppen.

Viele Produkte wie Pilze, wilde Beeren und einige Gemüsesorten werden auch heute noch direkt in den Wäldern gesammelt. Wer keine Gelegenheit dazu hat, kann diese Naturprodukte teilweise am Straßenrand oder auf Farmermärkten erstehen.

Nicht käuflich ist dagegen Wildfleisch. Der Handel damit ist verboten, lediglich das Fleisch von Zuchtwildtieren ist erhältlich. Da jedoch in Kanada der Besitz entsprechender Schusswaffen erlaubt ist und jeder auf seinem eigenen Grund und Boden das Jagdrecht besitzt, besteht auch relativ geringer Bedarf.

Geselligen Zusammenkünften oder auch der Bewirtung eines zufällig hereinschneienden Gastes wird auch heute noch in diesem unendlich großen Land ein hoher Stellenwert zugemessen, da menschliche Gesellschaft sehr willkommen ist. So wird häufig nicht zuhause gefrühstückt, sondern man trifft sich vor der Arbeit oder dem Einkauf im nächsten Ort mit Freunden in einem Restaurant, um soziale Kontakte zu pflegen.

Das oft sehr reichliche Frühstück besteht in der Regel aus Eierspeisen. Als Lunch werden kleinere Gerichte bevorzugt. Die Hauptmahlzeit des Tages, das abendliche Dinner, wird ebenfalls mit Vorliebe zu geselligen Treffen im Restaurant oder zuhause genutzt. Wobei es durchaus auch üblich ist, dass man gemeinsam kocht oder etwas zum Abendessen mitbringt. Man trifft einige Zeit vor dem Dinner ein, um einen Aperitif zu nehmen. Damit dann beim Warten aufs Dinner kein Hunger aufkommt, werden dazu ein paar Cracker mit pikantem Käse, Lachs oder anderen Delikatessen serviert.

AHORNSIRUP

Kanadas riesige Wälder liefern wie schon in den letzten Jahrhunderten auch heute noch zahlreiche Produkte, die in der Wirtschaft des Landes, aber auch für den einzelnen Kanadier eine wichtige Rolle spielen. Dazu gehört der Süßstoff der Indianer, von ihnen als das köstlichste aller Göttergeschenke bezeichnet. Er fehlt heute in keiner kanadischen oder amerikanischen Küche: der gesunde und nahrhafte Ahornsirup. Der meist aus Zuckerahorn oder Rotem Ahorn gewonnene Sirup hat sich zu einem der bekanntesten Exportprodukte Kanadas entwickelt. 80% der Weltproduktion kommt aus Kanada. Ahornsirup verleiht nicht nur Pfannkuchen, sondern auch vielen anderen Gerichten eine besondere Note. Traditionell hergestellt, enthält er keine chemischen Hilfsmittel und gehört zu den gesündesten Süßstoffen; in der Kolonialzeit meist der allein verfügbare. Zucker und Melasse aus anderen europäischen Kolonien waren entweder zu teuer oder durch Kriege der Mutterländer verursachte Wirtschaftblockaden verhinderten den Handel.

Der Zeitraum für die Ernte beschränkt sich auf drei bis sechs Wochen von Ende Februar bis Mitte April. Im Frühjahr, zur Zeit der Schneeschmelze, wenn der Saft in den Bäumen zu steigen beginnt, zieht man zur Ernte in die eisigen Wälder hinaus. Ist der Boden noch gefroren, geht es über festen Untergrund. Mit Beginn des Tauwetters wird diese Arbeit allerdings zu einer mühsamen Schlammschlacht.

In die Rinde des Baumes werden je nach Alter bis zu fünf kleine Löcher gebohrt, jedes mit einem Durchmesser von etwa einem Zentimeter und einem Tropfhahn daran, so kann der Saft aus dem Stamm fließen. Durch fachgerechtes Anzapfen werden die Bäume nicht geschädigt, da die Rinde in der Regel innerhalb weniger Wochen wieder verheilt und die Bäume jedes Jahr an anderen Stellen angezapft werden.

Vor der Ankunft der Händler fingen die Indianer den Saft des Ahornbaums in Holzbehältern auf und kochten ihn darin. Sie gaben solange im Feuer erhitzte Steine hinein, bis die Flüssigkeit sich verdickte und durch weiteres Eindampfen erst zu Sirup und schließlich zu Zucker wurde. Mit Eisenkesseln, die über das Feuer gehängt wurden, gestaltete sich die Prozedur für die Indianer und die ersten weißen Siedler, die die alte indianische Methode übernommen hatten, wesentlich einfacher.

Später fingen sie den Saft über Zapfventile in Eimern auf und beförderten die Ernte zur „Zuckerhütte", meist ein kleiner Blockholzbau, der im Ahornwald liegt. Dort wird der Saft auf einem speziellen Holzfeuerofen in mehreren flachen Wannen bei 100 °C langsam eingedickt. Durch das Verdampfen des Wassers entsteht der Ahornsirup. Die zähe Flüssigkeit durchläuft einen Filter und kommt noch heiß in die Flasche oder das Fass und ist so viele Jahre haltbar.

Zu Beginn der Erntezeit ist der Ahornsaft hell und bernsteinfarben und hat einen mildsüßen Geschmack. Im Verlauf der Ernte wechselt die Farbe zu goldbraun und der Geschmack wird kräftiger. Sobald die Ahornbäume ihre Blätter austreiben ist die Ernte vorbei.

Ein Ahornbaum muss 40 Jahre alt sein, bevor er erstmals angezapft wird und kann 250 Jahre alt werden, wenn er nicht zu stark ausgesaugt wird. Maximal ein Zehntel des Saftes darf für die Ahornsirup-Herstellung abgezapft werden. Für einen Liter Ahornsirup werden 40 Liter Ahornbaum-Saft benötigt. Das ist in etwa der Jahresertrag eines Baumes mit einem Zapfloch. Die geringe Ausbeute im Verhältnis zum Aufwand begründet den recht hohen Preis.

Größere Farmer arbeiten heute mit Plastikschläuchen statt mit Eimern – bei mehr als 1.000 Bäumen eine enorme Arbeitserleichterung. Um den Ertrag zu steigern, werden leider gelegentlich auch mineralische Düngemittel oder Pumpen verwendet, die den Saft aus den Stämmen heraussaugen. Durch solche Hilfsmittel können die Farmer bis zu 120 Liter Saft je Baum ernten, jedoch werden dadurch die Bäume zu sehr ausgebeutet und geschädigt.

VERSCHIEDENE KOCHGERÄTE

Die Zubereitung der Gerichte dieses Buches ist je nach Rezept wahlweise in einer herkömmlichen Küche auf oder in einem Herd, in einem geschlossenen oder offenen Grill, im Dutch Oven oder zum Teil über offenem Feuer möglich.

Sehr verbreitet ist in Kanada eine offene Küche, so dass Koch und Gäste sich während der Essenszubereitung bei einem Aperitif sehen und unterhalten können. Daneben gehört der geschlossene Gasgrill mit seinem bemerkenswerten Spektrum an Kochmöglichkeiten, in dem sich sehr schmackhafte Mahlzeiten zaubern lassen, wohl zu Kanadas beliebtestem Kochgerät. Das BBQ hat in Nordamerika eine jahrhundertealte Tradition, so dass ein solcher Grill mit Haube durchaus ganzjährig zum Einsatz kommt. Die Terrassen sind zum Schutz gegen Sonne und Regen meist überdacht und in Ontario wegen der berüchtigten Black Flies und Moskitos fensterähnlich mit Moskitoschutzgittern geschlossen. Da der Gasgrill keine lange Vorheizphase benötigt und auf die gewünschte Temperatur einstellbar ist, bietet er sich für den täglichen Gebrauch an. Dazu ist diese Art der Essenszubereitung nicht nur sehr vielseitig, sondern für Gastgeber wesentlich entspannender, da sie sich mehr ihren Gästen widmen können, selbst wenn diese zur Winterzeit drinnen sitzen.

Der fast immer vorhandene zusätzliche Holzkohlengrill, der aus feuertechnischen Gründen nicht auf den geschlossenen Terrassen zu finden ist, kommt eher bei Grillparties oder besonderen Anlässen, die über viele Stunden gehen, zum Einsatz. Die Regulierung der Temperatur ist bei einem Holzkohlegrill, der dazu eine relativ lange Vorheizzeit benötigt, auch wesentlich schwieriger zu kontrollieren.

Verschiedene Arten des Grillens

Beim direkten Grillen (200 - 340 °C) wird das Grillgut auf einen Rost direkt über der Hitzequelle gelegt und muss gewendet werden. Gut geeignet für Kurzgegrilltes wie Koteletts, Steaks, Würstchen, Hamburger, kleine Fische. Beim indirekten Grillen (160 - 200 °C) liegt das Grillgut über einer Tropfschale, die evtl. mit Flüssigkeit gefüllt ist, über dem nicht beheizten Teil. Die indirekte Grillmethode ist ähnlich dem Garen, aber das Grillgut wird gegrillt, hat ein besseres Aroma und Aussehen, als man es im Backofen erzielen kann. Fleisch wird butterweich und zart und trocknet weder aus noch brennt es an. Gut geeignet für alles, was länger als 25 Minuten gegrillt werden muss. Beim Garen im Grill (90 - 160 °C) befindet sich die Hitzequelle ebenfalls nicht direkt unter dem Grillgut, die Temperatur ist sehr niedrig und die Garzeit entsprechend länger. So zubereitete Gerichte haben viel Geschmack und sind sehr saftig. Diese Zubereitungsmethode ist sehr gut für Braten und für Foliengemüse geeignet.

Holzgrill-Aroma im Gasgrill
Um das Raucharoma eines Holzkohlegrills zu erzielen, kann man gewässerte Holzstücke oder kommerzielle Woodchips in eine Alufolie wickeln. Ein paar Löcher hinein stechen und das Päckchen auf den Grill legen. Bei geschlossener Haube verleiht es dem Grillgut Holzgrillaroma.

Dutch Oven – Crockpot - Niedrigtemperaturgaren
Aus den Pionierzeiten nicht wegzudenken ist der Dutch Oven, ein gusseisernes, dreibeiniges Multifunktionsgerät aus den Niederlanden, das 1704 patentiert wurde. Der Dutch Oven wird über die Glut gestellt, auf den eng anliegenden Deckel mit erhöhtem Rand kann man ebenfalls Brennstoff legen. Offen diente der Topf als Kochgefäß, verschlossen erfüllt er die Funktion eines Schmortopfes und eines Backofens. Der umgedrehte Deckel konnte auf einem speziellen Gestell auch als Bratpfanne benutzt werden. Eintöpfe waren zu Pionierzeiten sehr verbreitet, da meistens nur eine Feuerstelle zu Verfügung stand.

Auch wenn der vom Urgroßvater geerbte Dutch Oven in einigen Familien Ontarios noch zum Einsatz kommt, wird an Stelle dessen heute vorwiegend der Backofen oder der Crockpot, ein elektrischer Langsamkocher, verwendet. Denn die Nutzung des Dutch Oven erfordert präzise Kenntnisse über die Menge der Befeuerung, um die richtige Temperatur zu erreichen.
Beim Niedrigtemperaturgaren, ob im Dutch Oven, Crockpot oder Backofen, gart das Fleisch meist bei 80 °C langsam vor sich hin. Die Fleischsäfte verteilen sich gleichmäßig im Fleisch und es bleibt wunderbar zart und saftig. Ein weiterer Vorteil des Niedrigtemperaturverfahrens ist, dass der Braten relativ wenig Aufmerksamkeit erfordert. Die Gefahr des Übergarens ist recht gering, denn es macht dem Braten nicht sehr viel aus, wenn er mal eine halbe Stunde länger als geplant im Ofen bleibt. Ideal für Partys und Feiern, bei denen man nicht genau voraussehen kann, wann der Braten serviert werden soll. Voraussetzung für ein gelungenes Braten im Niedrigtemperaturverfahren ist ein gutes Fleischthermometer, mit dem man die Kerntemperatur des Bratens messen kann. Außerdem ist es wichtig, eine Hitzequelle zu haben, die die eingestellte Temperatur möglichst konstant hält. Ein Backofen, der bei eingestellten 80 °C die Hitze kurzfristig auf 150 °C hochjagt, um dann auf 50 °C abzufallen, ist nicht geeignet!

INGREDIENZEN

Cranberry Die Cranberry gehört zu den Heidekrautgewächsen und ist mit unseren Preisel- und Heidelbeeren verwandt. Sie ist etwas milder als die Preiselbeere. Sie hält getrocknet ein Jahr und frisch drei Monate.

Cream of Tartar Eine Art Backpulver aus Natron und Weinstein, das z.B. bewirkt, dass Eischnee nicht zusammenfällt und Gebackenes schön locker wird. Notfalls in Online-Shops erhältlich.

Fiddleheads Farntriebe sind in Kanada fast ein Nationalgericht und werden selbst bei Staatsempfängen in Ottawa serviert. Man erntet sie im Frühjahr, solange sie noch fest zusammen gerollt sind. Wie bei Pilzen sollte man die verschiedenen Farnsorten kennen, denn nur Straußenfarn und Zimtfarn sind essbar und nicht giftig.

Liquid Smoke ist eine Flüssigkeit, die Gerichten das Aroma von über Holz gegrilltem Essen verleiht. Damit können Fleisch oder Fisch mariniert werden. In Online-Shops zu kaufen.

Mais zählte bereits 3000 vor Chr. in Mexiko zu den Grundnahrungsmitteln. Die Indianer Nordamerikas kannten mehr als 500 verschiedene Sorten Mais. Der Geschmack reichte von salzig bis zuckersüß. Ist hier von Mais die Rede, ist immer Zuckermais gemeint.

Rauchsalz ist über Holz geräuchertes Meersalz. Es verleiht Gerichten einen rauchigen, schinkenartigen Geschmack.

Schmalz Traditionell wurde zum Braten und Backen Schweineschmalz verwendet. In der heutigen Küche wird es teilweise durch Öl oder andere Fette ersetzt.

Süßkartoffeln Diese meist rötlichen Wurzelknollen, die botanisch nicht mit der Kartoffel verwandt sind, schmecken mehlig-süß und sind in Nordamerika als Gemüse sehr beliebt. In der Schale gegart, sind sie ebenso wie richtige Kartoffeln wesentlich geschmackvoller.

Wildreis aus botanischer Sicht keine Reispflanze, ist eine Rispengras genannte Wasserpflanze. Sie gehörte zu den Hauptnahrungsmitteln der an Seen und Flüssen lebenden Indianer, die die Samen der bis zu 1,20 m hohen Gräser vom Kanu aus mühevoll ernten mussten. Der wilde Reis kann nur wenige Tage im Jahr geerntet werden und stellt heute eine höchst lukrative Einnahmequelle der entsprechenden Indianerstämme dar.

Zwiebeln In Nordamerika werden gerne milde Zwiebeln wie die texanischen zum Kochen verwendet. In Europa kann man ersatzweise die spanische Gemüsezwiebel nehmen.

KÜCHENTIPPS

Pfeffer
Mit Pfeffer ist immer frisch gemahlener schwarzer Pfeffer gemeint.

Getrocknetes Gemüse
Falls keine Zeit bleibt, getrocknete Bohnen, Mais, Kürbis oder Rüben über Nacht einzuweichen, hilft ein Schnellverfahren. Das Gemüse mit Wasser bedecken und aufkochen lassen. Anschließend mindestens eine Stunde lang quellen lassen.

Tomaten häuten
Die Tomaten über Kreuz einritzen, kurz im kochenden Wasser überbrühen, abschrecken und enthäuten.

Zitronen- und Orangenschale
Wird Zitronen- oder Orangenschale zum Aromatisieren verwendet, müssen es nicht immer die sehr teuren unbehandelten Früchte sein. Reibt man die Fruchtschale mit Öl ein und säubert die Frucht dann mit Küchenkrepp, lassen sich eventuelle chemische Rückstände weitgehend entfernen.

Für den Fall, dass nicht alle Zutaten zur Hand sind, ein paar Tipps, wie man sie notfalls ersetzen kann:

Ahornsirup	750 g Zucker, 500 ml Wasser, 1 TL Ahorn-Aroma, ¼ TL Obstessig. Den Zucker in kochendem Wasser auflösen und 5 Minuten kochen lassen. Abkühlen, Ahorn-Aroma und Obstessig einrühren und gut vermischen. Vor Gebrauch 24 Stunden stehen lassen.
Buttermilch	240 ml Milch, 2 TL heller Essig oder Zitronensaft. Verrühren und bei Raumtemperatur 5 Minuten stehen lassen.
Brauner Zucker	60 g Melasse und 200 g Zucker
Cheddar-Käse	alter Gouda oder Emmentaler
Honig	die doppelte Menge Zucker verwenden
Maismehl	die doppelte Menge Weizenmehl verwenden
Sour Cream	240 ml Milch, 1 TL heller Essig und 1 gestrichener TL Soda. Verrühren und kurz stehen lassen.
Schokolade	60 g Kakao und 1 TL Öl
Zuckersirup	60 g Zucker mit 480 ml Wasser vermischen und auf die Hälfte der Flüssigkeit zusammenkochen lassen.

MAßEINHEITEN UND TEMPERATUREN

Maßeinheiten und Abkürzungen

TL - Teelöffel - 5 ml
EL - Esslöffel - 15 ml - 3 TL
g - Gramm
kg - Kilogramm - 1.000 g
l - Liter - 1.000 ml
MS - Messerspitze

Wenn nicht anders angegeben, sind die Zutaten der Gerichte für vier Personen gedacht.

Dosengrößen

kleine Dose	unter 300 ml
mittlere Dose	300 - 500 ml
große Dose	500 - 800 ml

Temperaturen

sehr niedrige Hitze	125 - 150 °C
niedrige Hitze	150 - 165 °C
gemäßigte Hitze	165 - 190 °C
mittlere Hitze	190 - 205 °C
heiß	205 - 230 °C
sehr heiß	230 - 260 °C

Da die für ein Gericht tatsächlich benötigte Temperatur und Garzeit von der jeweiligen Hitzequelle (Kohleherd, Gasherd, Elektroherd, Elektroumluftherd, Gasgrill, Holzkohlegrill oder Dutch Oven) abhängt, handelt es sich bei den Angaben von Temperatur und Garzeiten um ungefähre Werte. Auch das benutzte Kochgeschirr beeinflusst die Garzeiten. So leiten schwere Gusstöpfe und -pfannen wesentlich besser die Wärme als andere.

Was nicht in diesem Buch steht:
Auf Rezepte zur Zubereitung von Gerichten mit Tieren, die inzwischen teilweise unter Naturschutz stehen bzw. nicht unbedingt den europäischen Essgewohnheiten entsprechen, wurde verzichtet.
Dazu gehören z.B. Bärentatzen und Bärenschinken, Biberschwänze, Elchnase und -hoden, Bisamratte, Skunk, Eichhörnchen, Waschbär, Stachelschwein, Riesenmurmeltier, Seehund und Frösche.

BROT, BRÖTCHEN UND

MUFFINS

Bannock, das „Brot der Wildnis“, wurde von Indianern und Waldläufern gleichermaßen geschätzt, weil es in wenigen Minuten auf einem einfachen Herd oder über dem Feuer zuzubereiten ist. Schotten, die für die Hudson's Bay Company arbeiteten, brachten es mit. Bannock schmeckt am besten, wenn es noch warm ist.

EINFACHES BANNOCK

9 EL	Mehl
1 TL	Backpulver oder Backsoda
120 ml	Wasser
	Prise Salz
	Fett – ausgelassenes Speckfett, Schweineschmalz oder was da ist

Die Zutaten gut vermischen. In einer Pfanne Fett erhitzen und den Teig fingerdick hineingießen. Wenn die Unterseite knusprig goldbraun ist, ein wenig Fett auf der Oberfläche verteilen und den Fladen umdrehen. Backen, bis er von beiden Seiten goldbraun ist.

CHIPPEWA-BANNOCK

350 g	Maismehl
120 ml	Wasser (evtl. etwas mehr)
4 EL	Öl, geschmolzene Butter oder ausgelassenes Speckfett
4 EL	Honig oder Ahornsirup
	Öl zum Braten

Alle Zutaten gut verrühren. Öl in einer Pfanne erhitzen und den Teig löffelweise hineingeben und mit einem Löffel flach drücken, so dass kleine Küchlein entstehen. Von beiden Seiten knusprig braun braten.
Die Küchlein kann man mit Ahornsirup übergossen oder, wenn man den Honig bei der Zubereitung weglässt, als Brot zu Fleisch oder Fisch essen.

TRAPPER-BANNOCK

480 g	Mehl
1 TL	Backpulver
½ TL	Salz
5 EL	ausgelassener Speck
360 ml	Wasser
60 ml	Öl zum Backen

Die Zutaten zu einem weichen Teig vermengen; flache Brötchen formen und in eine Eisenpfanne mit heißem Öl geben. Von beiden Seiten goldbraun, höchstens aber 5 Minuten, backen.
Um süßes Bannock zu erhalten, fügt man dem Teig noch Rosinen und einen Esslöffel Zucker bei.

FARMER-KARTOFFELBROT

500 g	**Mehl**
240 g	**Kartoffeln mit Schale – gekocht und gestampft**
100 ml	**lauwarmes Wasser**
100 ml	**lauwarme Milch**
1	**Ei – verquirlt**
2 EL	**brauner Zucker**
1,5 TL	**Trockenhefe**
40 g	**Butter – zerlassen**
1,5 TL	**Salz**

Die Trockenhefe und 1 Esslöffel Zucker in etwas warmem Wasser auflösen und 15 Minuten stehen lassen. Kartoffeln, Butter, 1 Esslöffel Zucker, Salz, Milch und restliches Wasser gut vermischen. Die Hefemischung und das Ei unterrühren. Das Mehl nach und nach dazugeben, insgesamt so viel, dass ein weicher Teig entsteht. 8 Minuten kneten. Den Teig in eine gut gefettete Schüssel geben und von allen Seiten einfetten. Mit einem Tuch zudecken und 60 – 90 Minuten gehen lassen, bis der Teig sich verdoppelt hat. Wieder verkneten, teilen und in zwei Kastenbackformen (ca. 10 x 23 cm groß) füllen. Wieder bedecken und nochmals eine Stunde an einem warmen Ort gehen lassen. 30 – 40 Minuten bei 200 °C backen oder bis der Brotlaib hohl klingt, wenn man draufklopft. Sofort aus der Form nehmen und auf einem Rost abkühlen lassen.

HONIGBROT

500 g	Mehl
1TL	Backpulver
1 TL	Backsoda
1 TL	Salz
½ TL	Zimt
1 TL	Ingwerpulver
125 ml	flüssiger Honig
1	Ei - verquirlt
250 ml	Milch

Alle trockenen Zutaten gut vermischen. Anschließend die restlichen Zutaten hinzufügen und den Teig gut durchkneten. Das Honigbrot In einer gefetteten Kastenbackform bei 175°C 60 - 70 Minuten oder bis es gar ist backen. Mit einem Schaschlikspieß testen. Das Brot erst abkühlen lassen, dann stürzen. Schmeckt sehr gut zum Frühstück mit Butter bestrichen.

KÜRBISBROT

500 g	Mehl
250 g	Kürbisfleisch - püriert
250 ml	Milch
80 g	Butter - geschmolzen
2	große Eier
2 TL	Backpulver
½ TL	Backsoda
1 TL	Salz
1 TL	Zimt
½ TL	Muskatnuss
125 g	Walnüsse - fein gehackt

Das Kürbispüree mit Zucker, Milch und Eiern verrühren. Mehl, Backpulver, Soda, Salz und die Gewürze gut vermischen und zum Kürbispüree hinzufügen. Die Butter nach und nach zugeben und alles zu einem glatten Teig verarbeiten. Als letztes die Nüsse unterrühren. Den Teig in eine gut gefettete Kastenbackform füllen und bei 175°C im vorgeheizten Backofen für 45 bis 55 Minuten backen oder bis ein Holzstäbchen sauber aus dem Brot kommt.

BURGER BRÖTCHEN

360 ml	Milch - handwarm
240 ml	Wasser - handwarm
35 g	Trockenhefe oder 60 g frische Hefe
950 g	Mehl
50 g	Stärkemehl
70 g	Zucker
20 g	Salz
50 g	Milchpulver
70 g	Butter
40 g	Backmalz
1	Ei - verquirlt
	Sesamsamen zum Bestreuen

Die Trockenhefe in etwas warmem Wasser auflösen und 15 Minuten stehen lassen. Alle Zutaten, bis auf Butter, Eier und Salz, 10 Minuten gut durchkneten. Butter und Salz hinzufügen und noch einmal 4 Minuten kneten. Den Teig gehen lassen, bis er doppelt so groß ist, und dann zu einer Rolle formen. Mit dem Messer ca. 1,5 cm dicke Scheiben abschneiden und nochmals eine halbe Stunde gehen lassen. Mit dem Ei bestreichen und mit den Sesamkörnern bestreuen. Bei ca. 190 °C im vorgeheizten Backofen ca. 25 Minuten backen.

KÄSEBRÖTCHEN

480 g	Mehl
300 ml	Sahne oder Sauermilch - nach Geschmack
240 g	alter Cheddar-Käse - gerieben
1 TL	Cream of Tartar
1 TL	Backsoda
1 TL	Salz

Den Backofen auf 200 °C vorheizen. Mehl, Cream of Tartar, Backsoda und Salz in einer Schüssel gut verrühren. Mit einer Gabel die Sahne einrühren und den Teig gründlich kneten, bis er glatt ist. 200 g des Cheddar-Käses in den Teig einarbeiten und flache Brötchen formen. Die restlichen Käsekrümel auf die Brötchen streuen und andrücken. Die Brötchen auf ein gefettetes Backblech oder Backpapier legen und für 10 - 15 Minuten, oder bis sie goldbraun sind, backen.

GRANDMA BARBARA'S NUSS-MUFFINS

150 g	Mehl
⅛ l	Milch
125 g	Butter
150 g	Zucker
2	Eier
2,5 TL	Backpulver
1 EL	Vanillezucker
125 g	gemahlene Hasel- oder Walnüsse
50 g	gehackte Hasel- oder Walnüsse
1 TL	Rum

Butter, Zucker, Eier und den Vanillezucker gut verrühren. Mehl, Backpulver, Nüsse und Rum hinzufügen. Alles zu einem glatter Teig verrühren und in eine Muffinform oder 12 Muffinförmchen aus Papier verteilen. Jedes Förmchen nur zu ⅔ füllen. Im vorgeheizten Backofen bei 180°C ca. 15 – 20 Minuten backen.

BLAUBEER-MUFFINS (MENNONITEN)

480 g	Mehl
4 TL	Backpulver
½ TL	Salz
4 EL	Zucker
2 EL	geschmolzene Butter
1	Ei
240 ml	Milch
3 EL	Mehl zusätzlich
240 g	Blaubeeren

Die Blaubeeren mit den 3 Esslöffeln Mehl bestäuben. Das andere Mehl mit Backpulver, Salz und Zucker vermischen. Das Ei und die geschmolzene Butter mit der Milch verrühren und mit den trockenen Zutaten gut vermengen. Die Blaubeeren vorsichtig unterrühren. Eine gefettete Muffin-Form oder Papierförmchen jeweils zu ⅔ mit dem Teig füllen. Bei 200°C ca. 15 – 25 Minuten backen. Mit einem Zahnstocher in die Muffins stechen. Wenn er sauber wieder heraus kommt, sind die Muffins fertig.
Ergibt ca. 12 bis 15 Muffins

FRÜHSTÜCK

In Kanada gehört ein deftiges Frühstück zum Tagesbeginn. Sehr beliebt sind Eiergerichte wie Rühreier, Spiegeleier, pochierte Eier oder ein Omelette. Ein Frühstücksei, wie wir es kennen, ist eher unüblich. Dazu werden in der Regel Frühstücksspeck, kleine Würstchen, in Scheiben geschnittene Tomaten und gebutterter Toast serviert.

POCHIERTE EIER

	Eier
1 EL	**Essig**
	Wasser

Um die Eier zu pochieren, Salzwasser mit dem Essig in einem Topf zum Kochen bringen. Die Hitze unter dem kochenden Wasser reduzieren, die Eier aufschlagen und sanft in das Wasser gleiten lassen. Je nach Wunsch 4 – 5 Minuten gar ziehen lassen. Falls nötig, mit einem Löffel in Form halten. Mit einem Schaumlöffel herausnehmen.

FRÜHSTÜCKSSPECK

In Streifen geschnittenen Frühstücksspeck in einer Pfanne bei kleiner Flamme solange braten, bis er beginnt, knusprig zu werden. Herausnehmen und vor dem Servieren auf Küchenkrepp abtropfen lassen.

EIER BENEDICT

1	**englisches Muffin oder Toastie**
2	**pochierte Eier**
	Sauce Hollandaise
2	**kleine Scheiben gekochter Schinken**
	geriebener Hartkäse, der gut schmilzt

Das Muffin aufschneiden, toasten und mit Schinken belegen. Auf jede Muffinhälfte ein pochiertes Ei geben. Mit kalter Sauce Hollandaise übergießen und geriebenen Käse darüber verstreuen. Im Ofen überbacken, bis der Käse schmilzt.
Für eine Person.

TRAPPER SAM'S PILZOMELETTE

200 g Wildpilze, ersatzweise Zuchtpilze - in Scheiben geschnitten
1 Frühlingszwiebel - in Röllchen geschnitten
1 Knoblauchzehe - zerquetscht
3 Eier - verquirlt
1 dicke Scheibe Speck - gewürfelt
Pfeffer und Salz

Den Speck in einer Pfanne auslassen und Knoblauch und Zwiebeln darin anbraten. Die Hitze vermindern, die Pilze hinzufügen und bei geschlossener Pfanne schmoren lassen, bis sie ganz weich sind. Die Eier hinzufügen, und bei niedriger Hitze das Ei stocken lassen. Kurz vor dem Servieren das Omelette umdrehen und auf der anderen Seite leicht anbraten.

So könnte Ihr Frühstück im kanadischen Winter in der verschneiten Blockhütte von Tom Burden aussehen:

TOM BURDEN'S WHISKY-EIER

1 Ei
½ EL Butter
1 EL Whisky
Muskatnuss
Salz und Pfeffer

Die benötigte Menge der Zutaten hängt von der Anzahl der Personen und ihrem Appetit ab. Die gesamte Butter in einem Topf schmelzen lassen und in kleine feuerfeste Formen oder in einer Muffinbackform in jeweils eine Mulde geben und den Whisky dazu gießen. Vorsichtig ein aufgeschlagenes Ei in die Mulde gleiten lassen und mit Muskatnuss bestäuben. Die Formen oder die Muffinform in den auf 180 °C vorgeheizten Backofen schieben und die Eier fest werden lassen. Mit Salz und Pfeffer servieren.

KÄSEOMELETTE

3 Eier - verquirlt
2 Scheiben Cheddar-Schmelzkäse
Salz und Pfeffer
Öl
1 Tomate - in Scheiben geschnitten

Das Öl erhitzen und die gesalzene und gepfefferte Eiermasse in die Pfanne gießen und zugedeckt bei mittlerer Hitze braten, bis sie fast fertig ist. Auf die eine Hälfte des Omelettes die Käsescheiben legen und das Omelette zuklappen. Nochmals kurz zugedeckt weiter garen lassen und mit Tomatenscheiben garniert servieren.

FRENCH TOAST

4 dicke Scheiben Weißbrot - können auch altbacken sein
2 Eier
4 EL Milch
4 EL Sahne
1 Prise Salz
1 EL Vanillezucker oder etwas Vanillearoma
1/8 TL Zimt
1 Prise Muskatnuss
20 g Butter
Puderzucker
Ahornsirup - ersatzweise flüssiger Honig

In einem großen tiefen Teller Eier, Milch und Sahne verquirlen und Salz, Vanillezucker, Zimt und Muskatnuss hinzufügen. Die Masse über die Weißbrotscheiben gießen und ca. 10 Minuten ruhen lassen oder bis die Flüssigkeit vollkommen eingezogen ist. Die Butter in einer Pfanne schmelzen lassen und die Brotscheiben bei mittlerer Hitze ca. 2 - 3 Minuten pro Seite braten oder bis sie goldbraun sind. Mit etwas Puderzucker bestreuen, heiß servieren und mit Ahornsirup oder Honig begießen.
Wer größere Mengen French Toast zubereiten möchte, kann sie im Backofen bei 50 °C warm halten.

KÄSEFRÜHSTÜCK FORT ERIE

200 g	Brotkrumen
200 ml	heiße Milch
4	Eier - verquirlt
1 EL	Butter
300 g	geriebener Käse
	Salz nach Geschmack
4	Scheiben heißer Toast - gebuttert

Die Brotkrumen 15 Minuten in der heißen Milch einweichen. Die Butter in einer Pfanne bei niedriger Hitze schmelzen lassen und den Käse hinzufügen. Wenn der Käse geschmolzen ist, die eingeweichten Brotkrumen und Salz hinzufügen. Das Ei einrühren und alles ca. 3 Minuten lang weiter simmern lassen. Die Käsemasse über die Toastscheiben gießen und servieren.

CAROL GANDERS APFEL-PFANNKUCHEN

240 g	Weizenmehl Type 405
2 TL	Backpulver
1 TL	Zucker
½ TL	Salz
2	Eier - in Eiweiß und Eigelb getrennt
2 EL	Butter - zerlassen
240 ml	Buttermilch
	Butter zum Braten und Dünsten
2	säuerliche große Äpfel - entkernt und in Scheiben geschnitten
	Puderzucker
	Ahornsirup

Mehl, Backpulver, Zucker und Salz gut vermischen. Eigelb, die zerlassene Butter und die Buttermilch einrühren. Eiweiß zu Schnee schlagen und unterheben. Die Äpfel in Butter dünsten. In einer großen Pfanne Butter zerlassen, den Teig in vier kleinen Portionen in die Pfanne geben und glatt streichen. Bei mittlerer Hitze die Pfannkuchen von beiden Seiten goldbraun backen. Falls erforderlich, noch etwas Butter in die Pfanne geben. Die fertigen Pfannkuchen auf Küchenpapier entfetten und im Backofen warm stellen, bis alle fertig sind. Die Äpfel auf den Pfannkuchen verteilen, mit Puderzucker bestäuben und mit Ahornsirup beträufeln.

BLAUBEER-PFANNKUCHEN

200 g	Mehl
2 EL	Zucker
1 TL	Backpulver
2	Eier – Eigelb und Eiweiß getrennt
300 ml	Milch oder Buttermilch
	etwas Salz
500 g	Blaubeeren
	Fett zum Braten
	Ahornsirup

Mehl, Zucker und Backpulver vermischen. Das Eigelb mit der Milch verquirlen, in das Mehl einrühren. Den Teig zugedeckt 30 Minuten ruhen lassen. Das Eiweiß mit Salz steif schlagen und unterheben. 400 g Blaubeeren unter den Teig mischen. In einer großen Pfanne Fett erhitzen und darin kleine Pfannkuchen goldbraun backen, wenden und auf der anderen Seite fertig backen. Mit Ahornsirup und den restlichen Blaubeeren servieren.

GRANDMA LILLY'S ERDBEERPFANNKUCHEN

6	Eier
	Salz
2 EL	Zucker
500 ml	Milch
250 g	Mehl
	Butter zum Braten
250 g	Erdbeeren – halbiert
250 g	Erdbeeren – ganz
	Schlagsahne nach Bedarf

Eier mit Salz und Zucker verquirlt. Das Mehl klumpenfrei einrühren. Die Butter in einer Pfanne erhitzen und eine dünne Teigschicht eingießen, damit der Pfannkuchen nicht zu dick wird. Wenn der Pfannkuchen goldbraun ist wenden und von der anderen Seite bräunen. Die halben Erdbeeren in den Pfannkuchen geben und umklappen. Mit Schlagsahne und ganzen Erdbeeren garnieren.

SUPPEN UND EINTÖPFE

SÜßKARTOFFEL-CREMESUPPE

2	mittelgroße Süßkartoffeln – geschält, in kleine Stücke geschnitten
750 ml	Hühner- oder Gemüsebrühe
1 EL	Öl
1 EL	Butter
1	große Zwiebel – gehackt
2 EL	Zitronensaft
½ TL	schwarzer Pfeffer
1	mittelgroße Dose Kidneybohnen ohne den Saft
50 ml	Saure Sahne
	gehackte Petersilie

Die Zwiebeln in Öl und Butter glasig dünsten. Die Brühe und den Zitronensaft hinzufügen und zum Kochen bringen. Die Süßkartoffeln direkt in das kochende Wasser geben, auf mittlere Hitze reduzieren und ca. 20 Minuten köcheln lassen. Die schwarzen Bohnen und den Pfeffer hinzufügen und nochmals 2 Minuten simmern lassen. Die Suppe pürieren und die Saure Sahne einrühren. Mit Petersilie bestreut servieren.

PILZSUPPE NACH TRAPPERART

250 g	Pilze – grob zerhackt
2	Wildzwiebeln oder Frühlingszwiebeln – klein geschnitten
750 ml	Fleischbrühe
1 EL	Butter
	Salz und Pfeffer

Alle Zutaten in der Fleischbrühe zum Kochen bringen und 30 bis 40 Minuten bei schwacher Hitze köcheln lassen. Nach Geschmack salzen und pfeffern.

BLUMENKOHLSUPPE

1	ein großer Blumenkohl – in Röschen zerpflückt
1 l	Hühnerbrühe
1	mittlere Zwiebel – in Stücke geschnitten
4 EL	Butter
1 TL	Salz
¼ TL	weißer Pfeffer
1	Spritzer Tabasco
½ TL	Muskatnuss
375 g	alter Cheddar-Käse – gerieben
250 ml	Sahne

Die Zwiebeln in der Butter bei niedriger Hitze dünsten bis sie weich sind. Die Blumenkohlröschen hinzufügen und zugedeckt 15 Minuten weiterdünsten. 125 g von dem Blumenkohl aus dem Topf nehmen und beiseite stellen. Den restlichen Blumenkohl mit der Hühnerbrühe übergießen, salzen, pfeffern und aufkochen lassen. 20 Minuten weiter köcheln oder bis der Blumenkohl richtig weich ist. Die Suppe vom Herd nehmen, pürieren und den restlichen Blumenkohl und die Sahne hineinrühren. Mit Tabasco und Muskatnuss würzen und den Käse hinzufügen. Bei kleiner Flamme köcheln lassen, bis der Käse geschmolzen ist.

EIERSUPPE VON DER JUNIPER HILL FARM

500 ml	Milch
3	Eier – gut verquirlt
4	Scheiben Weißbrot – getoastet und gewürfelt
	Salz und Pfeffer

Die Milch zum Kochen bringen und die Eier hinzufügen. Unter ständigem Rühren für eine Minute aufkochen lassen. Vor dem Servieren mit Salz und Pfeffer würzen und mit den Brotwürfeln bestreuen.

KÜRBISSUPPE VON DER MILLER FARM

750 kg	Kürbisfleisch – gewürfelt
1,5 l	Hühnerbrühe
2	mittelgroße Zwiebeln – fein gehackt
6 EL	Butter
3 EL	Mehl
350 ml	Sahne mit niedrigem Fettgehalt
1 Ms	Muskatnuss
	Petersilie – fein gehackt
	Pfeffer und Salz nach Geschmack
250 g	geröstete Weißbrotwürfel

Das Kürbisfleisch ca. 15 Minuten kochen und anschließend pürieren. Die Zwiebeln in 4 Esslöffeln der Butter glasig werden lassen. Das Kürbispüree hinzufügen und unter Umrühren 5 Minuten bei niedriger Hitze köcheln lassen. Die Hühnerbrühe einrühren und 10 Minuten simmern lassen. Mit Salz, Pfeffer uns Muskatnuss würzen. Die restliche Butter mit dem Mehl vermischen und in die Suppe einrühren. Die Sahne einrühren und die Suppe dabei erhitzen, nicht kochen! Mit Brotwürfeln und Petersilie bestreut servieren.

CHEDDAR-KÄSESUPPE

180 ml	Hühnerbrühe – notfalls aus Brühwürfeln
960 ml	Milch
200 g	Cheddar-Käse – gerieben
2 EL	Butter
1	Zwiebel – fein gehackt
2 EL	Mehl
⅛ TL	Senfpulver
½ TL	Selleriepulver
½ TL	Worchestersauce
⅛ TL	schwarzer Pfeffer

Die Butter in einem schweren Topf erhitzen und die Zwiebeln darin dünsten. Das Mehl darüber streuen und 2 Minuten weiter dünsten. Brühe und Milch hinzufügen und aufkochen lassen. Die restlichen Zutaten dazugeben und alles umrühren, bis der Käse geschmolzen und die Suppe cremig ist. Danach sofort servieren, da der Käse sonst wieder fest wird oder unschöne Fäden zieht.

HASELNUSS-SUPPE (HURONEN)

500 g	Haselnüsse – gemahlen
1 l	Fleischbrühe
1	Wildzwiebel oder sehr kleine Zwiebel – klein gehackt
2 EL	Petersilie – fein gehackt
2 MS	Pfeffer

Alle Zutaten in einen großen Topf geben und ca. 1 Std. köcheln lassen; gelegentlich umrühren. Heiß servieren. Da die Suppe sehr nahrhaft ist, empfiehlt es sich, kleine Portionen zu servieren.

FISCHSUPPE (IROKESEN)

500 g	Fischfilet – was auch immer gefangen wurde oder zur Hand ist
1 l	Wasser
	Maismehl
500 g	verschiedene Wildgemüse wie: Löwenzahn, wilde Zwiebeln, Wildkohlblätter – alles was zu finden ist, ersatzweise Zuchtgemüse

Den Fisch in Wasser gar ziehen lassen, herausnehmen und zerpflücken. Die Brühe mit Salz würzen und soviel Maismehl einrühren, bis eine gebundene Suppe entsteht. Das Wildgemüse in der Suppe gar kochen. Zuletzt den Fisch wieder in die Suppe geben.

WILDEINTOPF (CREE)

1 kg	Hirschfleisch, notfalls auch Rind – gewürfelt
4	mittlere Kartoffeln – in Würfel geschnitten
4	weiße Rüben – in Würfel geschnitten
1	Lauchstange – in Scheiben geschnitten
4	Frühlingszwiebeln – in Scheiben geschnitten
75 ml	Ahornsirup
2 EL	Öl
	Wasser

Das Fleisch in einem schweren Topf anbraten, bis es rundum braun ist. Die übrigen Zutaten hinzufügen, mit Wasser aufgießen und aufkochen. Bei gemäßigter Hitze eine Stunde lang köcheln oder bis das Fleisch zart ist.

SCHÄFERPFANNE

750 g	Rinder- oder Schweinegehacktes
1	große Zwiebel – klein gehackt
2 – 3	Knoblauchzehen – zerdrückt
3	große Kartoffeln – geschält und in Stücke geschnitten
1	kleine Dose Mais – ohne Flüssigkeit
1	kleine Dose Sahnemaiscreme oder Rezept von S. 51
100 ml	Sahne oder Milch
3	große Möhren – in Scheiben geschnitten
¼ TL	Salz oder nach Geschmack
¼ TL	Pfeffer oder nach Geschmack
3 EL	Parmesan-Käse – gerieben
	Öl
3 EL	Butter oder Margarine

Die Kartoffeln und Möhrenstücke kochen, bis sie weich sind. In der Zwischenzeit in einer Pfanne die Zwiebeln und die Hälfte des Knoblauchs in Öl anbraten. Das Fleisch in die Pfanne geben und braten, bis es krümelig, aber noch weich ist. Den Pfanneninhalt in eine Kasserolle füllen und den Mais darüber verteilen. Die Kartoffeln und die Möhren stampfen und mit Pfeffer, Salz und dem restlichen Knoblauch würzen. Mit Sahne und Butter verrühren und diese Masse über dem Mais verteilen. Alles mit Parmesan-Käse überstreuen und für ca. 30 Minuten im Backofen bei 175 °C überbacken.

Die Schäferpfanne wurde ursprünglich von den Schäfern mit Schaffleisch zubereitet. Von anderen Einwohnern Ontarios übernommen, wird das Gericht heute gerne mit Rind, Schwein oder Wild zubereitet. Einige Familien nehmen nur die Hälfte des Maises und fügen stattdessen eine Dose Erbsen oder frische Erbsen hinzu.

TRAPPER-STEW

1 kg	Wildfleisch, ersatzweise Rindfleisch – gewürfelt
6	mittelgroße Kartoffeln – in Stücke geschnitten
3	mittelgroße Karotten – in Stücke geschnitten
1	kleiner Kopf Weißkraut – in schmale Scheiben geschnitten
6	mittlere Zwiebeln – geschält und geachtelt
	Fett von ausgelassenem Speck
1	Lorbeerblatt
	Salz und Pfeffer

Das Fleisch im heißen Fett bräunen, mit Wasser aufgießen, mit einem gut schließenden Deckel zudecken. Kurz aufkochen und etwa 60 Minuten bei 150 °C simmern lassen. Karotten, Lorbeerblatt, Salz und Pfeffer dazugeben und nach weiteren 30 Minuten Kartoffeln und Zwiebeln. Falls erforderlich Wasser nachgießen, denn Fleisch und Gemüse müssen immer bedeckt sein. Eine halbe Stunde später das Weißkraut in den Topf geben und so lange kochen, bis alles weich geworden ist.
Dieser Eintopf, eine traditionelle Trappermahlzeit, wurde für mehrere Tage gekocht und mit Bannock (Rezepte auf Seite 28/29) gegessen. Die Art des Fleisches richtete sich nach dem Gebiet, in dem der Trapper gerade jagte; meist handelte es sich um Stücke von Karibu, Elch, Hirsch oder anderem Wild.

MOHAWK-EINTOPF

1 kg	Schweinefleisch – gewürfelt
4	Fleischtomaten – abgezogen und geachtelt
1	Apfel – in Stücke geschnitten
	Öl
2	Gemüsezwiebeln – grob gehackt
5	Knoblauchzehen – fein gehackt
480 ml	Fleischbrühe – notfalls aus Würfeln oder Extrakt
240 g	Wildreis
1 – 2 TL	Chilipulver
½ TL	Zimt
½ TL	Nelkenpulver
1	Prise Salz
120 ml	Ahornsirup
3 EL	Sahne
50 g	gehackte Walnüsse

Das Fleisch im erhitzen Öl scharf anbraten. Zwiebeln und Knoblauch hinzufügen und mit der Brühe ablöschen. Kurz aufkochen lassen und den Reis hinzufügen. Zugedeckt 20 Minuten köcheln lassen, dann die Tomaten, Apfelstücke und die Gewürze dazugeben. Weitere 10 Minuten simmern lassen, dann den Ahornsirup, die Nüsse und die Sahne einrühren und nochmals 3 – 4 Minuten köcheln lassen.

6-LAGEN-EINTOPF

500 g Hackfleisch – Rind, Wild oder was auch immer da ist
500 g Kartoffeln – in Scheiben geschnitten
500 g Selleriestangen – in Scheiben geschnitten
250 g Zwiebeln – klein gehackt
250 g grüne Paprika – klein geschnitten
1 große Dose Tomaten
2 TL Salz
¼ TL Pfeffer

Die Kartoffeln in eine gefettete Kasserolle legen. Sellerie, Fleisch, Zwiebeln und Paprika lagenweise darauf verteilen. Jede Lage mit Salz und Pfeffer bestreuen. Die Tomaten über der Mixtur verteilen und das Gericht für 2 Stunden bei 175°C zugedeckt im Backofen garen lassen.
Für 6 Personen.

ZANETTIS BURGER-KASSEROLLE

500 g Rindergehacktes
1 mittlere Zwiebel – klein gehackt
125 g gekochte Nudeln
1 EL Fett
1 kleine Dose Tomatensuppe
375 ml Wasser
125 g geriebener Käse
1,5 TL Salz

Das Gehackte und die Zwiebeln im Fett in einer Pfanne bräunen lassen. Die Nudeln dazu geben, alles verrühren und in eine gefettete Kasserolle füllen. Tomatensuppe, Wasser, Käse und Salz miteinander vermischen und über die Rindfleisch-Nudelmischung gießen. Bei 175°C für 40 Minuten in den Backofen stellen.

GEMÜSEGERICHTE UND

SALATE

GEBACKENE KARTOFFELN

1 große Kartoffel pro Person – geschrubbt, halbiert mit Schale
Knoblauchöl
Pfeffer und Salz

Alufolie mit Knoblauchöl einpinseln, die Kartoffeln mit der Schnittfläche nach unten darauf legen. Von oben mit dem Öl einpinseln, salzen und pfeffern. Im Backofen oder im geschlossenen Grill bei 200 °C etwa 45 - 60 Minuten backen. Die Kartoffeln sollten innen weich und außen knusprig sein.

KARTOFFELN IN FOLIE

1 große Kartoffel pro Person
Knoblauchöl
Pfeffer und Salz
1 große Zwiebel – in Scheiben geschnitten
geriebener Parmesankäse

Kartoffeln längs achteln und nebeneinander auf eine mit Knoblauchöl eingepinselte Alufolie legen. Die Kartoffeln mit dem Knoblauchöl von oben einpinseln und pfeffern und salzen. Zwiebelscheiben darüber legen und mit etwas Parmesan bestreuen. Dann die Folie gut verschließen und entweder im Backofen oder auf dem geschlossenen Grill bei 200 °C ca. 20 - 30 Minuten gar werden lassen. Auf dem Grill die Folie einmal umdrehen.

KARTOFFEL-KÄSE-KASSEROLLE

1 kg Kartoffeln – gerieben
250 g Zwiebel – klein gehackt
1 kleine Dose Cheddar-Käsesuppe oder andere Käsesuppe
250 ml saure Sahne
250 g geriebener Cheddar-Käse
125 g geschmolzene Butter

Die Kartoffeln in eine Kasserolle geben. Die anderen fünf Zutaten gut verrühren, über die Kartoffeln gießen und noch einmal gut umrühren. Bei 180 °C ungefähr eine Stunde in den Backofen stellen.

SÜßKARTOFFELN (OJIBWA)

4	Süßkartoffeln oder Yams – gewaschen und getrocknet
2 EL	Walnussöl
100 g	Walnüsse – gemahlen
40 g	Butter
2 EL	Ahornsirup
½ TL	Cayennepfeffer
	Salz

Den Backofen auf 200°C vorheizen. Süßkartoffeln mit dem Walnussöl einpinseln und im Backofen je nach Größe 45 bis 60 Minuten backen. Durch Einstechen prüfen, ob sie gar sind. Die Nüsse mit Butter, Ahornsirup, Salz und Pfeffer mischen. Die fertig gebackenen Süßkartoffeln der Länge nach aufschneiden und mit je einem Esslöffel der Nussmischung servieren.

WILDREIS MIT NÜSSEN

300 g	Wildreis
80 g	Walnüsse oder andere Nüsse – grob gehackt
	Öl zum Braten
1	getrocknete Chilischote – gehackt
1 TL	Petersilie – gehackt

Den Wildreis in reichlich kochendem Salzwasser (drei- bis vierfache Menge) etwa 30 Minuten gar kochen. Die Nüsse und die Chilischote in einer Pfanne in heißem Öl anrösten und mit dem abgetropften Wildreis verrühren. Die Petersilie vor dem Servieren über den Reis streuen.

BROCCOLI-KÄSE-KASSEROLLE

600 g	Broccoli – in Röschen zerpflückt
4 EL	Butter
2 EL	Mehl
¼ TL	Salz
85 g	Frischkäse
60 g	Blauschimmelkäse – zerkrümelt
250 ml	Milch
250 g	Brotkrumen

Die Broccoli fast gar kochen. 2 Esslöffel Butter zerlassen und das Mehl und Salz hinzufügen. Langsam den Frischkäse und den Blauschimmelkäse hineinrühren. Die Milch einrühren und köcheln bis die Masse anfängt dicklich zu werden. Die Broccoliröschen in eine Auflaufform geben und mit der Käsecreme übergießen. Die Brotkrumen in einer Pfanne in der restlichen Butter goldbraun werden lassen und über die Broccoli verteilen. Bei 180 °C 20 – 30 Minuten im Ofen backen.

WALNUSS-MAIS (MOHAWK)

1	mittlere Dose Mais – ohne Flüssigkeit
1	Zwiebel – fein gewürfelt
3 EL	Walnussöl
½ TL	Cayennepfeffer
100g	halbe Walnüsse
2	Nadeln von einem Rosmarinzweig
	Salz

Walnussöl in einem Topf erhitzen und die Zwiebeln bei mittlerer Temperatur glasig dünsten. Den Mais hinzufügen und mit Salz, Cayennepfeffer und Rosmarin würzen. Die Walnüsse in einer Pfanne ohne Fettzugabe rösten und mit dem Mais vermischen.

SAHNE-MAISCREME

1 mittlere Dose Mais – grob püriert
100 ml Sahne
1 – 2 TL Maismehl – ersatzweise die doppelte Menge Weizenmehl
etwas kaltes Wasser

Den pürierten Mais aufkochen. Das Mehl mit etwas Wasser gut verrühren und mit der Sahne zum Mais geben. Aufkochen und dann simmern lassen, bis der Brei cremig wird.

GEGRILLTE MAISKOLBEN

Maiskolben in Blättern – je nach Personenzahl und Appetit
Butter
Salz

Die Blätter zurückschieben und die Haare vom Kolben entfernen. Den Mais wieder in die Blätter einwickeln und die Maiskolben mindestens eine halbe Stunde lang wässern. 15 Minuten lang bei 175 °C im Gasgrill oder auf einem Holzkohlegrill von beiden Seiten grillen. Die Maiskolben entblättern, buttern und mit Salz bestreuen.

MAISGEMÜSE MIT WHISKY

750 g Mais
1 EL Butter
1 kleine rote Paprikaschote – fein gewürfelt
50 ml kanadischer Whisky
125 ml süße Sahne

Die Butter erhitzen und Mais und Paprikawürfel darin 8 – 10 Minuten garen. Den Whisky hinzufügen und köcheln lassen, bis der Whisky verdunstet ist. Die Sahne einrühren, kurz aufkochen und simmern lassen bis die Flüssigkeit eindickt. Mit Salz und Pfeffer abschmecken.

MAIS-FRITTERS

750 g frische Maiskörner, notfalls Mais aus der Dose
2 Eier
60 g Mehl
1 TL Salz
1/8 TL Pfeffer
1 TL Backpulver
2 EL Sahne
4 EL Backfett

Die Eier schlagen, Mais, Mehl, Backpulver, Salz und Pfeffer hinzufügen und gut verrühren. Zuletzt die Sahne dazugeben. Das Fett in einer Pfanne erhitzen und die Masse löffelweise in das heiße Fett geben. Die Küchlein von beiden Seiten goldbraun backen.
Ergibt ca. 16 bis 18 Fritters.

GEBACKENE BOHNEN

500 g Navy Beans (kleine weiße Bohnen) – notfalls mittlere Dose
1 Zwiebel – in Stücke geschnitten
125 g Speck – in kleine Würfel geschnitten
2 EL Butter
2 EL Öl
2 EL Honig
2 Äpfel – in Ringe geschnitten
1 TL Salz

Die Bohnen über Nacht in Wasser einweichen. Anschließend abtrocknen und in eine Schale füllen. Den Speck, die Zwiebel und die Butter in eine gefettete Form geben. Den Honig mit dem Öl vermischen und in die Bohnen einrühren. Die Bohnen in die Pfanne gießen, die Äpfel auf den Bohnen verteilen. Bei 150 °C ungefähr 6 Stunden backen lassen. Nicht umrühren! Bei Bedarf etwas Wasser hinzufügen.

ZWIEBELGEMÜSE MIT ÄPFELN

4 milde, mittelgroße Zwiebeln - in Scheiben geschnitten
3 große Äpfel - geschält und in Scheiben geschnitten
2 EL Butter
1 TL Salz
125 ml Wasser

Die Butter in einer Pfanne erhitzen und die Zwiebeln darin dünsten, bis die Zwiebeln fast weich sind. Die Äpfel, das Salz und das Wasser hinzufügen und zugedeckt simmern lassen, bis die Äpfel weich sind. Ohne Deckel weiter köcheln lassen, bis das Wasser absorbiert ist und die Zwiebeln und Äpfel goldbraun sind.

KAROTTEN-PASTETE (OTTAWA)

750 g Karotten - gekocht und zerstampft
1 Zwiebel - klein gehackt
125 g Sellerie - klein gehackt
1 EL Salz
375 g Brotkrumen
250 ml Milch
2 Eier - verquirlt
2 EL Butter

Die Zwiebeln in der Butter dünsten und zum Karottenbrei geben. Eier, Milch, Brotkrumen und Salz verrühren und mit dem Karottenbrei vermischen. Alles in eine Kastenbackform geben und 40 Minuten bei 175 °C backen.

GEDÜNSTETE FIDDLEHEADS

500 g frische Fiddleheads (vorsicht: Farntriebe S. 24!!) oder gefrorene
2 EL Kräuterbutter
Muskatnuss

Die Farntriebe 10 Minuten in sprudelndes Salzwasser geben und kochen. Abgießen und in frischem Salzwasser nochmals ca. 5 Minuten kochen, bis die Triebe al dente sind. Wieder abgießen, in der Kräuterbutter schwenken und mit etwas Muskatnuss würzen.

PILZ-GEMÜSEPFANNE

750 g	Wildpilze oder Kulturpilze – in Scheiben geschnitten
1	Zwiebel – fein gehackt
120 g	frischer Zuckermais oder 1 Minidose Mais ohne Saft
360 g	Tomaten – enthäutet und in Stücke geschnitten
1	Lorbeerblatt
2 EL	Fett von ausgelassenem Speck
120 g	Sour Cream
	Salz und Pfeffer

Die Zwiebeln im erhitzten Speckfett gar dünsten. Pilze und Mais hinzufügen und 10 Minuten bei niedriger Hitze köcheln lassen. Tomaten und Lorbeerblatt hinzufügen. Salzen und pfeffern und weitere 3 Minuten simmern lassen. Die Sour Cream einrühren und servieren.

KÜRBISEINTOPF

500 g	Schweinegulasch oder Rindergulasch
500 g	Kürbisfleisch – grob gewürfelt
500 g	Kartoffeln – geschält und grob gewürfelt
3	Möhren – in Ringe geschnitten
3 EL	Sonnenblumenöl
3 EL	Kräuterbutter
2	mittelgroße Zwiebeln – halbiert und in Ringe geschnitten
2	Knoblauchzehen – zerquetscht
140 g	Tomatenmark
1 Strauß	Petersilie – die Hälfte fein gehackt
1	Lorbeerblatt
400 ml	Fleischbrühe – erwärmt
150 ml	trockener Rotwein
2 EL	Brandy
	Pfeffer und Salz nach Geschmack

Das Öl und die Butter zusammen in einem großen Topf erhitzen und das Fleisch darin bräunen. Zwiebeln und Knoblauch hinzufügen und ebenfalls leicht bräunen. Das Tomatenmark einrühren und mitrösten. Alles mit der Fleischbrühe ablöschen. Wein, Brandy, die gehackte Petersilie und das Lorbeerblatt hinzufügen und mit Salz und Pfeffer abschmecken. Das Fleisch eine Stunde köcheln lassen, dann das Kürbisfleisch, die Möhren und Kartoffeln hinzufügen und nochmals 30 - 45 Minuten, oder bis das Gemüse gar ist, köcheln lassen.
Den Eintopf im ausgehöhlten Kürbis mit Petersiliensträußchen garniert servieren

SPAGHETTI-KÜRBIS

1	Spaghetti-Kürbis
	Butter
	Salz und Pfeffer

Den Kürbis der Länge nach durchschneiden. Die Samen entfernen und die Schale des Kürbisses mehrfach mit einer Gabel einstechen. Mit der Schnittseite nach unten in den Backofen legen und bei 175°C für 45 Minuten backen, dann umdrehen und weiter backen, bis das Fleisch weich ist. Das Fleisch mit einer Gabel herauskratzen, so dass es wie Spagetti aussieht. Butterflocken dazugeben und mit Salz und Pfeffer würzen und umrühren.
Man kann den Kürbis auch in der Mikrowelle garen. Die Kürbishälfte dazu mit der Schale nach unten in die Mikrowelle legen und mit einer dafür geeigneten Folie abdecken. Bei hoher Stufe 6 - 8 Minuten, oder bis das Fleisch weich ist, garen.

GRÜNE BOHNEN MIT SPECK

500 g	grüne Bohnen - abgezogen, in 2,5 cm lange Stücke geschnitten
375 ml	Wasser
4	Scheiben Frühstücksspeck - in kleine Würfel geschnitten
2 - 3	Frühlingszwiebeln oder Lauchzwiebeln - klein gehackt
1 TL	Salz und Pfeffer

Die Bohnen im Wasser 50 - 60 Minuten lang weich köcheln lassen. In der Zwischenzeit den Speck in einer großen Pfanne auslassen und die Zwiebeln darin glasig dünsten. Die gut abgetropften Bohnen in der Specksoße schwenken und salzen und pfeffern.

FOLIENGEMÜSE VON DER SUNHILL FARM

250 g	Pilze – in Scheiben geschnitten
2	Zwiebeln – in Scheiben geschnitten
1	rote Paprika – in Ringe geschnitten
1	rote Peperoni – Samen entfernt und in Ringe geschnitten
100 g	Schafskäse oder Feta – in Stücke geschnitten
50 g	Butter
	Salz und Pfeffer
	Knoblauchöl

Eine Alufolie einölen. Darauf in Lagen in dieser Reihenfolge aufschichten: Pilze, Zwiebeln, Paprika, Zwiebeln, Peperoni, Schafskäse. Jede Lage ein wenig salzen und pfeffern. Die Folie gut verschließen und im geschlossenen Grill oder im Backofen bei 175 °C ca. eine Stunde garen lassen.

GEMÜSE AUS DEM BACKOFEN ODER GRILL

2	Süßkartoffeln – geschält und in Scheiben geschnitten
2	große Kartoffeln – geschält und in Scheiben geschnitten
2	große Karotten – in Scheiben geschnitten
¼	Steckrübe – in Scheiben geschnitten
2	Kohlrabi – in Scheiben geschnitten
3	große milde Zwiebeln – in Scheiben geschnitten
4	Knoblauchzehen zerdrückt
	Öl
	Pfeffer und Salz

Alufolie mit Öl bestreichen und die Hälfte des Knoblauchs darauf verteilen. Das Gemüse aufeinander schichten. Zwischen die einzelnen Gemüseschichten immer wieder Zwiebelscheiben geben und pfeffern und salzen. Anschließend alles mit Öl beträufeln und den Rest des Knoblauchs darüber streuen. Die Folie gut schließen und in den Backofen oder in einen geschlossenen Grill legen. Bei 200 °C ca. 30 – 40 Minuten backen.

LÖWENZAHNSALAT

500 g	Löwenzahnblätter (vor der Blüte ernten!!) – klein geschnitten
2	Eier – hart gekocht und klein gehackt
3	Scheiben gestreifter Speck – klein geschnitten
500 ml	Milch
60 ml	Obstessig
1	rohes Ei
1,5 EL	Mehl
1 TL	Salz
2 EL	Zucker

Den Speck in einer Pfanne langsam braten, bis er kross ist und aus dem Fett herausnehmen. Mehl, Zucker und Salz miteinander vermischen. Das rohe Ei, Essig und die Milch hinzufügen und gut verrühren. Die Mischung in das Fett geben und köcheln lassen, bis die Sauce dicklich wird. Kalt werden lassen. Den Löwenzahn mit dem gehackten Ei vorsichtig vermischen und mit der Sauce übergießen.

KARTOFFELSALAT MUSKOKA

8	große Kartoffeln – geschält und in schmale Stücke geschnitten
1 TL	Salz
1	Prise Pfeffer
1	große Zwiebel – klein gehackt
125 g	Rettich – in dünne Scheiben geschnitten
2 EL	Schnittlauch – klein gehackt
½ TL	Teelöffel Selleriesamen
8	Scheiben Speck
2 EL	Mehl
250 ml	Essig
250 ml	Wasser
45 g	Zucker

Kartoffeln kochen, bis sie gerade weich sind, trocknen und in eine Schüssel geben. Den Speck in der Pfanne braten, bis er knusprig ist und in kleine Stücke schneiden. Die nächsten sechs Zutaten und den Speck vermischen und vorsichtig zu den Kartoffeln hinzufügen. Das Mehl in das Speckfett einrühren, bis die Sauce geschmeidig ist. Essig, Wasser und Zucker hinzufügen und zum Kochen bringen, bis sie dicklich wird. Vorsichtig unter die Kartoffelnmischung rühren. Der Salat kann heiß oder kalt serviert werden.

WILDREISSALAT

500 g	Wildreis - notfalls Naturreis
100 g	rote Paprika - klein geschnitten
100 g	grüne Paprika - klein geschnitten
1	Zwiebel - klein geschnitten
100 g	Walnüsse - gehackt
10 ml	Öl
4 EL	Olivenöl
1 EL	Apfelessig
2 EL	Ahornsirup
	Pfeffer und Salz nach Geschmack

Wildreis in kochendes Wasser geben und 60 Minuten köcheln lassen, bis die Körner aufplatzen. Abgießen, abschrecken, mit dem Öl verrühren und im Backofen trocknen. In eine Schüssel füllen, Nüsse, Zwiebeln und Paprika untermischen. Die letzten vier Zutaten verrühren, bis sie cremig werden, über den Salat gießen und untermischen.

LILAC RANCH COLE SLAW (KRAUTSALAT)

½	mittelgroßer Weißkohl - geraspelt
1	große Karotte - geraspelt
1	saurer Apfel oder Birne - geraspelt
50 g	getrocknete Cranberrys
50 g	Walnüsse - gehackt
150 ml	Miracle Whip oder eine andere leicht gewürzte Mayonnaise
	Apfelsaft
	Pfeffer und Salz nach Geschmack

Cranberrys in heißem Apfelsaft einweichen, bis sie weich sind. Kohl, Karotte, Apfel, Walnüsse und die aufgequollenen Cranberrys vermischen. Mit Salz und Pfeffer abschmecken. Zuletzt die Mayonnaise unterheben und den Salat mindestens eine Stunde im Kühlschrank ziehen lassen.

RIND, SCHWEIN UND LAMM

Pemmican war die „Fleischkonserve“ der Indianer und Trapper auf langen Wanderungen oder wenn frisches Fleisch knapp war. Es wurde damals wie heute noch auf Expeditionen als Nährmittel eingesetzt.
Traditionell hergestellt, wurden dünne Scheiben dunklen Fleisches getrocknet, angeröstet, zerstoßen und im Verhältnis 3:1 mit Talg oder Knochenmark zu einer Paste verarbeitet. Dieser proteinhaltige Fleischfettbrei ließ sich in Säckchen aus Rohhautleder monatelang aufbewahren. Die Irokesen fügten Beeren hinzu und nannten es Mokakin. Pemmikan kann nicht nur direkt verzehrt werden, sondern ergibt mit heißem Wasser übergossen eine nahrhafte Suppe.

MODERNES PEMMIKAN

200 g getrocknetes Rindfleisch
100 g Griebenschmalz
Kerbel – nach Geschmack
Basilikum – nach Geschmack
Koriander – nach Geschmack
Pfeffer und Salz – nach Geschmack

Das Fleisch im Mixer in kleine Stückchen zerhacken und mit den Gewürzen und dem Schmalz verkneten und in einen Behälter füllen. Dieser Pemmikan kann auch als Brotaufstrich verwendet werden.

MOKAKIN

175 g zu Pulver geriebenes Trockenfleisch von Bison, Rind oder Wild
125 g getrocknete herbe Beeren
100 g Schmalz

Alle Zutaten gut miteinander vermengen und zu Kugeln formen.

LUMBERJACK-BURGER

500 g	Rindergehacktes
1	kleine Dose Kidney-Bohnen ohne Flüssigkeit - zerdrückt
6 EL	Barbecuesauce - Rezept S. 87
2 EL	Meerrettichcreme - je nach Geschmack mild oder scharf
2	Knoblauchzehen - zerquetscht
	Salz und Pfeffer
4	Burgerbrötchen - Rezept S. 31 - oder fertig gekaufte
2	Tomaten - in Scheiben geschnitten
2	Gemüsezwiebeln - in Scheiben geschnitten
4	Salatblätter vom Eisbergsalat
	Barbecuesauce - Rezept S. 87

Alle Burgerzutaten miteinander vermischen und vier Hamburger formen. Die Hamburger in der Pfanne oder auf dem Grill von beiden Seiten braten. Gut durch oder medium, je nach Geschmack. Die Brötchen kurz anrösten, durchschneiden und Ober- und Unterdeckel mit Barbecuesauce bestreichen. Die Burger in den Brötchen mit Salatzutaten garniert servieren.

HOT BURGER AUS GARRY'S PUB

250 g	gehacktes Rindfleisch
1	Knoblauchzehe - zerdrückt
½ EL	Öl
½ EL	mittelscharfe Chilisauce - nach Geschmack auch scharf
	frisch gemahlener Pfeffer - rot, schwarz und weiß
	Salz

Das Fleisch mit Knoblauch, Chilisauce, Salz und Pfeffer vermischen und 1 Stunde kalt stellen. Die Burger formen und in einer Pfanne oder auf dem Grill von beiden Seiten braten, gut durch oder medium, je nach Geschmack. Mit gebackenen Kartoffeln und Beef-Gravy (Rezept S. 88) servieren. Wahlweise auch auf einem Burgerbrötchen (Rezept S. 31) mit Salat, Zwiebeln und Chilisauce, je nach Geschmack scharf oder mittelscharf.
Jeweils für eine Person.

RINDERRIPPCHEN IM BACKOFEN ODER BARBECUE

1,5 kg	Querrippe
3 EL	Fett
250 ml	Wasser
2	kleine Zwiebeln – klein gehackt
250 ml	Ketchup
2 TL	Worchestersauce

Zwiebeln, Ketchup, Worchestersauce und das Wasser 20 Minuten lang simmern lassen. In der Zwischenzeit die Rippchen im Fett in einer grill- oder backofengeeigneten Form anbräunen. Die Sauce über die Rippchen gießen und bei 180 °C im Backofen oder geschlossenen Grill 2 Stunden backen. Falls nötig Wasser zugießen.

BACKOFENSTEAKS AUS DEM KING GEORGE PUB

4	große Steaks
4 EL	Mehl
4 EL	Fett
1	große Dose Tomaten
½	rote Paprika – gehackt
1	mittelgroße Zwiebel – gehackt
4	Lorbeerblätter
¼ TL	Thymian
¼ TL	Basilikum
1 Prise	Rosmarin
1	Knoblauchzehe – zerquetscht
150 ml	Bier
1 EL	Esslöffel Mehl
	Pfeffer und Salz
	Steakmarinade – Rezept S. 87

Die Steaks in die Marinade legen und mindestens zwei Stunden darin ziehen lassen, mehrmals umdrehen. Die Steaks herausnehmen, von beiden Seiten in Mehl wälzen, in heißem Fett anbraten und in eine Kasserolle legen. Die Tomaten mit den nächsten sieben Zutaten verrühren und über den Steaks verteilen. Bei 180 °C in den Backofen oder geschlossenen Grill schieben. Nach 30 Minuten mit den 60 ml Bier übergießen und eine Stunde weitergaren lassen. Wenn die Sauce sich reduziert, nach und nach das ganze Bier dazugießen und salzen und pfeffern.

KNOBLAUCH-STEAKS

4	**Rindersteaks ca. 4 cm dick - ohne Fettränder**
1 TL	**Estragon**
4	**Knoblauchzehen - zerquetscht**
1,5 TL	**Basilikum**
1 TL	**Schnittlauch - getrocknet**

Knoblauch und Kräuter in einem Mörser zu Brei zerdrücken. Die Steaks auf beiden Seiten mit dieser Mischung einreiben und zugedeckt 1 bis 2 Stunden in den Kühlschrank stellen. 30 Minuten vor dem Grillen bei Raumtemperatur weiter ziehen lassen. Die Steaks von jeder Seite ca. 5 Minuten grillen und an den Rand des Grills legen und 3 Minuten ruhen lassen. In dieser Zeit gart das Fleisch noch etwas nach. Dabei einmal wenden. Sollen die Steaks durch sein, die Zeit entsprechend verlängern.

MUSKOKA-STEAKS

4	**Steaks**
	Muskoka Gewürzmischung - Rezept S. 86
1 TL	**Soyasauce**

Die Steaks mindestens eine Stunde vor dem Grillen mit Muskoka Gewürz einreiben, mit etwas Soyasauce besprenkeln und ziehen lassen. Von beiden Seiten nach Wunsch grillen.

STEAKS IN BIERMARINADE

4	Steaks - Größe nach Belieben
200 ml	Starkbier
4	Knoblauchzehen - zerquetscht
4 EL	brauner Zucker
4 EL	Worchestersauce
4 EL	schwarzer Pfeffer
2 EL	Öl

Bier, Zucker, Worchestersauce und Öl solange verrühren, bis sich der Zucker aufgelöst hat. Knoblauch und Pfeffer einrühren. Die Steaks in die Marinade legen und mindestens eine Stunde lang einziehen lassen. Die Marinade abtropfen lassen und die Steaks von beiden Seiten nach Wunsch grillen.

NORTH BAY POTROAST

1,5 kg	Rinderbraten
1 kg	Kartoffeln - in Stücke geschnitten
500 g	dicke Karotten - in Längsscheiben geschnitten
125 g	Wildpilze oder Champignons - in Scheiben geschnitten
1	mittelgroße Zwiebel - in Scheiben geschnitten
5	Knoblauchzehen - längs halbiert
2 EL	Olivenöl
1 EL	Butter
3 EL	Maismehl
350 ml	trockener Rotwein
250 ml	Fleischbrühe
1 EL	frische Thymianblätter oder 1 TL getrockneter Thymian
	Salz und Pfeffer

Schlitze in den Braten schneiden und die halben Knoblauchzehen hineinstecken. Das Öl in einer Kasserolle erhitzen, das Fleisch von allen Seiten anbraten und herausnehmen. Die Butter in die Kasserolle geben und bei mittlerer Hitze schmelzen lassen. Die Zwiebeln hinzufügen und dünsten, bis sie weich und goldbraun sind. Die Pilze dazugeben, noch mal 2 Minuten simmern lassen, dann das Mehl eine Minute lang einrühren. Den Wein und die Fleischbrühe unterrühren und alles köcheln lassen, bis die Flüssigkeit dicklich wird. In der Zwischenzeit den Backofen auf 150 °C vorwärmen. Den Braten in die Kasserolle geben, mit Thymian würzen und zwei Stunden zugedeckt backen lassen. Die Kartoffeln und Karotten hinzufügen und nochmals für 1 – 2 Stunden oder, bis das Gemüse weich ist, in den Backofen stellen.

PRIMERIB-BRATEN

3 kg	**Hochrippenbraten mit Knochen – die ersten Rippen**
2	**Knoblauchzehen – zerquetscht**
3 EL	**Butter**
1 EL	**Senfpulver**
½ TL	**schwarzer Pfeffer**
1 TL	**Salz**
80 ml	**Fleischbrühe – notfalls aus Brühwürfeln**
50 ml	**Sahne**
2 EL	**Maismehl oder 4 EL Weizenmehl**

Knoblauch, Butter, Senfpulver und Pfeffer zu einer Paste verrühren. Den Braten damit einreiben und anschließend auf einen Rost in einer Grillpfanne legen und eine Stunde ziehen lassen. Dann bei 175 °C für 15 Minuten je Pfund – dann wird er medium – in den Backofen schieben. Herausnehmen und salzen, auf eine Platte legen und für 25 Minuten bei 50° C noch mal in den Ofen schieben. In der Zwischenzeit die Brühe mit dem Bratensaft und der Sahne gut verrühren, salzen, pfeffern und aufkochen. Das Mehl mit etwas Wasser verrühren, zur Sauce geben und köcheln lassen, bis sie dicklich wird. Zum Braten servieren.

ROASTBEEF MIT CRANBERRY-SAUCE

1 kg	Roastbeef
3 EL	Öl
2	Schalotten - fein gehackt
100 ml	trockener Rotwein
250 ml	Rinderfond - aus dem Glas
50 g	getrocknete Cranberrys - über Nacht eingeweicht
1 EL	mittelscharfer Senf
	Salz, Pfeffer

Den Backofen oder Barbecue auf 80 °C vorheizen. Den Senf mit Salz und Pfeffer vermischen und das Fleisch damit einreiben. Das Öl in einer Pfanne erhitzen und das Roastbeef darin von allen Seiten bei mittlerer Hitze 10 Minuten anbraten. Die Pfanne beiseite stellen und den Braten in eine hitzefeste Form legen und 3 Stunden - dann ist es rosa - oder nach Geschmack länger im Backofen oder Barbecue bei 80 °C garen. Etwa 25 Minuten vor Ende der Garzeit die Pfanne mit dem Bratensatz erhitzen und die Schalotten darin 1 Minute anbraten. Mit Wein ablöschen und bei starker Hitze 3 Minuten einkochen lassen. Den Fond und die Cranberrys hinzufügen und bei mittlerer Hitze 15 Minuten köcheln lassen. Die Sauce mit Salz und Pfeffer abschmecken.

LEBERPFANNE

750 g	Leber vom Rind, Schwein oder auch Wild
750 g	Kartoffeln - fein gerieben
1	Ei - verquirlt
1	mittelgroße Zwiebel - fein gehackt
1,5 TL	Salz
1/8 TL	Pfeffer
1/8 TL	Senfpulver

Die Leber braten, bis sie gar, aber nicht kross ist. In 1 cm große Würfel schneiden. Kartoffeln, Zwiebel, Ei und Gewürze hinzufügen, vermischen und in eine feuerfeste Form füllen. Bei 175 °C ca. 1 Stunde lang backen. Mit einer Sauce nach persönlichem Geschmack servieren

SÜßE SCHINKENSCHEIBEN

1	Scheibe Kochschinken pro Person – ca. 1,5 cm dick
350 g	Süßkartoffeln – gekocht und zu Brei verarbeitet
2 EL	brauner Zucker
1 EL	Zitronensaft
125 ml	Apfelsaft
¼ TL	Zimt
1	Prise Knoblauchpulver
50 ml	Zitronensaft
2 EL	brauner Zucker
2 EL	Bratenfond

Den Schinken in eine gebutterte Kasserolle legen und den Kartoffelbrei zwischen und über den Scheiben verteilen. Zucker, Zitronensaft, Apfelsaft, Zimt und Knoblauch verrühren, über den Schinken gießen und bei 160 °C im Ofen eine Stunde lang backen. Die letzten drei Zutaten vermischen, das Gericht damit übergießen und nochmals für 15 Minuten in den Ofen geben.

LILAC RANCH SCHWEINERIPPCHEN

3 kg	Schälrippchen
2 TL	Pesto mit Knoblauch und Chili – scharf oder mild
4	große Knoblauchzehen – zerdrückt
2 EL	mittelscharfer Senf
¼ TL	Chilipulver
50 ml	Sojasauce
100 ml	Tomatensaft
1	kleine Zwiebel – fein gehackt
4 EL	getrocknete Petersilie
6 TL	Olivenöl

Die Rippchen, damit sie zarter werden, mit der Zwiebel und 4 Knoblauchzehen 15 Minuten bei geschlossenem Deckel in Wasser vorkochen. Die restlichen Zutaten zu Marinade verrühren. Die Rippchen abtrocknen und für 3 Stunden, besser noch länger, in die Marinade legen. Bei 190 °C ca. 10 bis 15 Minuten grillen. Die Rippchen dabei mehrfach wenden und auf der fleischigen Seite immer wieder mit der restlichen Marinade einpinseln.
Koteletts oder Schnitzel, auf die gleiche Weise zubereitet, werden nicht vorgekocht.

ZWIEBELBRATEN MIT WILDPILZEN

1,5 kg Schweinebraten
4 EL Butterschmalz
1 kg Zwiebeln – in Ringe geschnitten
2 Knoblauchzehen – zerdrückt
100 g Steinpilze – notfalls 40 g getrocknete, in Wasser eingeweicht
100 ml Rotwein
250 ml Sahne
Salz und Pfeffer
einige Salbeiblättchen

Das Fleisch im Butterschmalz rundum kräftig anbraten, salzen, pfeffern und in einen schweren Bratentopf mit Deckel legen. Zwiebeln, Knoblauch und Pilze im Bratfett ebenfalls kurz anbräunen und mit den Knoblauchzehen zum Fleisch geben. Den Bratensatz mit Wein loskochen, die Sahne einrühren, dezent salzen und pfeffern, die Sauce über das Fleisch gießen und den Salbei hinzufügen. Zugedeckt für 3,5 Stunden bei 100 °C in den Backofen schieben oder ohne Deckel in einen geschlossenen Gasgrill stellen. In dieser Zeit dreimal wenden und die Sauce etwas umrühren. Vor dem Servieren nochmals mit Salz und Pfeffer abschmecken. Durch das langsame Garen ist das Fleisch butterweich und die Zwiebelsauce fast karamellisiert.

SCHINKENBRATEN MIT WHISKY-MARINADE

2 kg gekochter Hinterschinken im Stück
6 EL Ahornsirup
3 EL Whisky
2 EL mittelscharfer Senf
1 TL abgeriebene Orangenschale
1 TL Pfeffer
1 TL süßes Paprikapulver
½ TL Chilipulver
4 Tropfen Worchestersauce
12 Gewürznelken
Öl

Den Schinken im Öl in einer Kasserolle anbraten und anschließend für 20 Minuten bei mittlerer Hitze im Ofen weiterbraten. In der Zwischenzeit alle Zutaten, außer den Nelken, zu einer Sauce verrühren und den Braten damit einpinseln. Nach 10 weiteren Minuten den Braten mit den Nelken spicken und mit der restlichen Sauce begießen. 20 bis 30 Minuten weiter braten und mehrfach mit Bratensaft übergießen. Nach Geschmack kann der Braten auch einmal zwischendurch mit Ahornsirup, der mit etwas warmem Wasser verdünnt wurde, eingepinselt werden.

SCHWEINEFILET MIT WILDBLÜTENHONIG

2	Schweinefiletstränge
1	mittlere Zwiebel – klein gehackt
1	Knoblauchzehe – zerquetscht
1 EL	Öl
75 ml	Wildblütenhonig
75 ml	Apfelessig
125 ml	Tomatenketchup
2 EL	Sojasauce
½ TL	Ingwerpulver
½ TL	Chilipulver
	Salz und Pfeffer

Die Zwiebeln und den Knoblauch im Öl anbräunen. Alle anderen Zutaten für die Sauce hinzufügen, aufkochen und bei kleiner Flamme köcheln lassen, bis sie dicklich wird. Das Schweinefilet mit der Sauce von beiden Seiten bestreichen, auf einer Folie auf den Grill legen und etwa 20 Minuten lang grillen. Die Filets dabei mehrfach wenden und mit der Honigsauce bestreichen. Aufgeschnitten servieren und mit der Sauce übergießen.

HOLZFÄLLERSTEAKS

4 – 6	große Nackensteaks
1	mittelgroße Zwiebel – fein gewürfelt
7 EL	mittelscharfer Senf
100 ml	Crème Fraîche
100 ml	helles Bier
	Pfeffer und Salz

Crème Fraîche, Bier, Senf und Zwiebeln verrühren und etwas Pfeffer hinzufügen. Die Steaks mit der Sauce einpinseln, den Rest darüber gießen und zugedeckt 5 Stunden oder über Nacht im Kühlschrank marinieren. Die Steaks auf dem heißen Grill von beiden Seiten je nach Größe 5 – 7 Minuten grillen.

KOTELETTS AUS DEM OFEN

4	dicke Koteletts
	trockener Weißwein
	Knoblauchpulver
	Frischer schwarzer Pfeffer

Den Ofen auf 200 °C vorheizen. Die Koteletts in eine feuerfeste Form legen. Weißwein darüber spritzen, mit Knoblauchpulver und frischem Pfeffer bestreuen. Mit einem Deckel oder Alufolie zudecken und für eine Stunde in den Backofen schieben.

SCHWEINESTEAK-FINGER

750 g	Schinkenbraten – in Streifen fingerdick und 5 cm lang geschnitten
60 ml	Tomatensauce
60 ml	Apfelessig
1 TL	Salz
1 TL	Pfeffer
100 g	Mehl
1	Knoblauchzehe – zerdrückt
	Öl

Den Tomatensaft, Essig, Salz, Pfeffer und Knoblauch gut vermischen. Das Fleisch in die Mixtur tunken und anschließend im Mehl wälzen. Im erhitzten Öl 2 – 3 Minuten braten oder bis sie gar sind. Mit einer scharfen BBQ-Sauce servieren.

LAMMKOTELETTS GANANOQUE

4	Lammkoteletts – 2 bis 3 cm dick
1 EL	Olivenöl
1 EL	etwas Zitronensaft
1 EL	Thymiannadeln – klein gehackt – oder getrocknet ½ EL
1 EL	Rosmariennadeln – klein gehackt – oder getrocknet ½ EL
1	getrocknete Chilischote – klein geschnitten oder 1 TL Chilipulver
	Salz und Pfeffer

Die Gewürze in einem Mörser zerstoßen und mit Olivenöl und Zitronensaft verrühren, bis eine Art Paste entstanden ist. Die abgetrockneten Koteletts mit der Marinade einreiben und abgedeckt 4 – 5 Stunden marinieren. Die Koteletts auf dem Grill über direkter Glut pro Seite ca. 4 Minuten grillen. Sie sollten innen noch leicht rosa sein. Anschließend 5 Minuten neben der Glut ruhen lassen, damit sich der Saft gleichmäßig im Fleisch verteilen kann.

LAMM- ODER ZICKLEINKEULE IM GEMÜSEBETT

1,5 kg	Lamm- oder Zickleinkeule mit Knochen
300 ml	Brühe
125 ml	Weißwein
2 EL	Zitronensaft
	Zucker
5 EL	Olivenöl
5	Knoblauchzehen – klein gehackt
1 TL	Rosmarinnadeln – im Mörser zerstoßen
1 TL	Thymiannadeln – im Mörser zerstoßen
3	Gemüsezwiebeln – geachtelt
3	große Möhren – längs geviertelt
2	Porreestangen – in dicke Scheiben geschnitten
	Salz und Pfeffer

Die Gewürze ohne Salz und Pfeffer mit 3 Esslöffeln Olivenöl gut vermischen. Die Lammkeule mit der Marinade einpinseln und mit Folie abgedeckt ein paar Stunden in den Kühlschrank stellen. Den Backofen auf 80 °C vorheizen. In einem Bräter das Öl erhitzen und die Keule darin von allen Seiten gut anbraten. Das Fleisch herausnehmen, den Bratensatz mit Wein und der Brühe ablöschen und mit Zitronensaft, Zucker, Salz und Pfeffer abschmecken. Das Gemüse in den Bräter geben, das Fleisch darauf legen und alles bei geschlossenem Topf ca. 4 Stunden im Backofen schmoren lassen. Man kann das Fleisch zwischendurch gelegentlich mit etwas Sauce begießen. Das Fleisch sollte zartrosa sein, wenn es gar ist. Die Kerntemperatur für eine rosa gebratene Lammkeule liegt bei etwa 58 – 60 °C.

WILD, GEFLÜGEL UND

FISCH

WILDKANINCHENTOPF

1,5 kg	Kaninchenstücke
2	Zwiebeln – in Scheiben geschnitten
4 EL	Mehl
2 TL	Gewürzsalz
½ TL	Pfeffer
1,5 TL	Paprikapulver
75 g	Fett
120 g	ungekochter Reis
1	mittelgroße Dose Tomaten
240 ml	Hühnerbrühe
120 ml	Weißwein
120 ml	Wasser

Mehl, Salz, Pfeffer und Paprikapulver vermischen und die Kaninchenteile damit einreiben. Die Zwiebeln im Fett goldbraun werden lassen, herausnehmen und die Fleischstücke im Fett anbräunen. Die Kaninchenteile in einen Bratentopf legen und Zwiebeln, Reis und Tomaten darüber verteilen. Das Fett in der Pfanne mit der Hühnerbrühe und Wasser aufkochen lassen, um den Bratensatz zu lösen. Den Wein hinzufügen und die Sauce über das Fleisch in den Brattopf gießen. Zugedeckt 90 Minuten bei 170 °C im Ofen backen.

WILDHACKBRATEN

1 kg	Gehacktes aus Wildkleinteilen
350 g	Schweinegehacktes
2	Eier – verquirlt
100 g	Brotkrumen
200 ml	Milch
1 TL	Salz
1	Zwiebel – fein gehackt
3 EL	Petersilie – fein gehackt
3 EL	Parmesan – gerieben
½ TL	Oregano
2 EL	Fett aus ausgelassenem Speck
200 ml	Tomatensauce

Eine Kastenbackform mit dem Fett einreiben. Die ersten zehn Zutaten gut miteinander vermischen und in die Backform füllen. Bei 175 °C 40 Minuten im Ofen backen. Mit der Tomatensauce übergießen und nochmals 20 - 30 Minuten weiterbacken. Damit der Braten nicht anbrennt, die Backform in eine größere Backform mit 2,5 cm Wasserhöhe stellen.

GEBACKENE ELCHSTEAKS

4	Elch- oder Hirschsteaks
3 EL	Mehl
2 EL	Butter
2 EL	Butter - zerlassen
2 EL	Honig
240 ml	Saure Sahne
	Salz und Pfeffer nach Geschmack

Die Steaks mit Mehl bestäuben, in erhitzter Butter von beiden Seiten anbraten und in eine große flache Kasserolle legen. Honig, Salz und Pfeffer vermischen und die Steaks damit einpinseln. Anschließend im Ofen bei 165 °C ca. 2 Stunden backen. Die Steaks warm stellen. In einem Topf die zerlassene Butter und 2 Esslöffel Mehl verrühren und die Flüssigkeit aus der Kasserolle hinzufügen. Die Sauce erhitzen, bis sie eindickt. Die Saure Sahne langsam eingießen und erhitzen und die Sauce zu den Steaks servieren.

BISONSTEAKS

4	Bison oder Rindersteaks - ca. 4 cm dick
3 EL	kleine Speckwürfel
125 ml	Rotwein
	Salz und Pfeffer
	Ahornsirup - notfalls Honig oder Cranberrysirup
	Crème Fraîche - Menge nach Belieben

Die Speckwürfel auslassen und die Steaks im Fett auf jeder Seite 2 Minuten anbraten. Anschließend die Steaks in Alufolie einwickeln und im auf 150 °C vorgeheizten Backofen nachziehen lassen. Den Bratensatz in der Pfanne mit dem Rotwein ablöschen und den Wein langsam eindicken lassen. Mit Pfeffer und Salz würzen und Crème Fraîche und etwas Ahornsirup einrühren. Die Steaks auswickeln und den Saft in der Folie in die Rotweinsauce einrühren. Die Steaks nach Geschmack salzen und pfeffern.

KARIBUNACKEN MIT CHAMPIGNONSAUCE

2 kg	Karibunacken oder Hirschnacken – notfalls Rindernacken
200 g	Schweineschmalz
50 g	Butter
250 ml	Rinderbrühe
50 ml	Weinessig
1 EL	Worchestersauce
1 TL	Knoblauchsalz
½ TL	Thymian
1	Nelke
1 Prise	geriebene Muskatnuss
¼ TL	Senfpulver
	Salz und Pfeffer
1	mittlere Dose Champignoncremesuppe
1	kleine Dose Champignons
100 ml	Brandy
2 – 3 EL	Maismehl

Die Butter und das Schmalz in einem schweren Bratentopf erhitzen und das Fleisch darin von allen Seiten anbraten. Brühe, Worchestersauce, Essig und die Gewürze vermischen und über den Braten gießen. Das Fleisch bei 180 °C im Backofen für ca. 45 – 60 Minuten backen und dabei regelmäßig mit dem Bratenfond übergießen. Den Braten herausnehmen und die Sauce in einen Topf gießen. Die Champignoncremesuppe, die Pilze und den Brandy hinzufügen, aufkochen lassen und das Maismehl einrühren. Aufkochen und simmern, bis die Sauce dicklich wird, und zum Braten servieren.

CHICKEN WINGS AUS DEM PORT SYDNEY PUB

	Hühnerflügel oder Hühnerunterschenkel nach Bedarf und Hunger
100 g	Mehl
10 g	Paprikapulver (süß)
6 g	Cayennepfeffer
6 g	Muskoka-Gewürzmischung – Rezept S. 86
	Chicken Wing-, Buffalo Wing- oder Barbecue-Sauce mild oder scharf, nach Geschmack

Mehl, Paprikapulver, Cayennepfeffer und Muskoka-Gewürz vermischen, die Hühnerteile darin wälzen und drei Stunden ziehen lassen. Mit der ausgewählten Sauce bestreichen und auf den Grill legen. Mehrfach wenden und mit Sauce bestreichen; grillen, bis sie leicht knusprig sind.

HÜHNERBRUST MIT AHORNSIRUP

4	Teile Hühnerbrust oder Schenkel - mit oder ohne Haut
60 g	Butter
125 g	Mehl
1 TL	Muskatnuss
100 g	Walnüsse - gehackt
80 ml	Ahornsirup

Mehl und Muskatnuss vermischen und die Hühnerschenkel darin panieren. Die Butter erhitzen und die Hälfte der Nüsse und Hühnerteile darin von beiden Seiten anbraten und anschließend in einer Pfanne für 15 - 20 Minuten bei 160 °C in den Ofen geben. Den Ahornsirup erwärmen, über die Hühnerteile gießen und diese mit den restlichen Nüssen bestreuen.

HÜHNER-PILZ-PFANNE

750 g	gekochtes Hühnerfleisch - in kleine Stücke geschnitten
500 g	getrocknetes Brot - in Würfel geschnitten
1	mittlere Dose Pilze - in Scheiben geschnitten
3	Eier - gut verrührt
750 ml	Hühnerfond
1	kleine Dose Pilzrahmsuppe
	Pfeffer und Salz

Die Brotwürfel mit den geschlagenen Eiern verrühren. Das Hühnerfleisch und den Hühnerfond hinzufügen und salzen und pfeffern. Alles zusammen in eine gefettete Kasserolle füllen. Die Pilzsuppe darüber gießen und die Kasserolle bei 175 °C für 30 Minuten im Backofen garen.

MAIS-HÜHNCHEN

500 g	gekochtes Hühnerfleisch in kleine Stücke geschnitten
3	Eier – verquirlt
750 g	frischer Zuckermais oder aus der Dose
1	grüne Paprika – in dünne Ringe geschnitten
125 g	Brotkrumen oder Paniermehl
250 ml	Sahne
1 EL	Butter
1 EL	Maismehl
¼ l	Milch
	Salz und Pfeffer

In einem Topf Mehl in zerlassene Butter rühren bis die Masse glatt ist. Die kalte Milch nach und nach einrühren, aufkochen und mit einem Schneebesen gut durchschlagen. Sahne und die Eier einrühren. In einer gefetteten Kasserolle die Hühnerstücke und den Mais in Lagen schichten. Die Sauce darüber gießen und Paprikaringe und Brotkrumen darüber verteilen. Im Ofen 60 – 70 Minuten bei 175 °C backen.

FASAN IM KARTOFFELBETT

1	großer Fasan oder große Ente
750 g	kleine, junge Kartoffeln – gut geschrubbt
100 g	Frühstücksspeck – in schmale Streifen geschnitten
2	Zwiebeln – geviertelt
2 EL	getrocknete Steinpilze
¼ l	Weißwein
250 ml	Hühnerbrühe
	Majoran – getrocknet
	Schnittlauch – in Röllchen geschnitten
	Pfeffer und Salz
	Butterschmalz – notfalls Butter

Den Fasan innen mit Pfeffer, Salz und Majoran einreiben. Mit den Zwiebeln füllen und zunähen. Die Pilze im Weißwein einweichen und den Fasan im Butterschmalz von allen Seiten in einem großen, schweren Topf anbraten. Die Pilze, den Weißwein und die Brühe hinzufügen. Den verschlossenen Topf für eine Stunde bei 170 °C in den Backofen stellen. Von Zeit zu Zeit mit Brühe übergießen. Nach einer Stunde die ungeschälten Kartoffeln rund um den Fasan auf dem Topfboden verteilen. Nochmals eine Stunde backen. Die Speckstreifen anbraten und fünf Minuten bevor das Gericht gar ist, auf den Kartoffeln verteilen und mit Schnittlauch bestreuen.

ENTE MIT WILDREIS-FÜLLUNG

1	**große Ente**
	Innereien der Ente
750 g	**Wildreis – gekocht**
100 g	**Haselnussblättchen – in der Pfanne geröstet**
2	**saure Äpfel – in kleine Stücke geschnitten**
1	**Zwiebel – klein gehackt**
1 TL	**Bohnenkraut – fein gehackt**
2 EL	**Petersilie – fein gehackt**
2 EL	**Mehl**
¾ l	**Wasser**
	Crème Fraîche bei Bedarf
	Salz und Pfeffer

Wildreis, Nüsse, Äpfel, Zwiebeln und Gewürze vermischen und kräftig mit Salz und Pfeffer abschmecken. Die Ente mit der Reismischung füllen und zunähen oder zustecken. Bei 165 °C mit der Brustseite nach unten etwa 60 Minuten im Backofen braten. Die Ente wenden, mit Bratenflüssigkeit bestreichen und eine gute weitere Stunde braten. Die Ente ist gar, wenn beim Anstechen mit einer Nadel klarer Saft aus dem Schenkel austritt. Während die Ente brät, die Innereien mit Salz in dem Wasser zu einer Brühe kochen. Nach dem Braten den Bratensatz mit der Brühe aufkochen, salzen und pfeffern und nach Belieben andicken und evtl. mit Crème Fraîche verfeinern.

TRUTHAHN AUF EINER BIERDOSE

1	Truthahn von 4 kg
1	Dose dunkles Bier 0,5 l – notfalls in der Flasche
1	Dose helles Bier 0,5 l – falls es kein dunkles in Dosen gibt
	Öl
2 EL	brauner Zucker
2 EL	Paprikapulver – süß
1 EL	schwarzer Pfeffer
1 EL	Salz
1 EL	Knoblauchpulver
1 TL	Zwiebelpulver
1 TL	Selleriesalz
½ TL	Cayennepfeffer
10 ml	Brandy
4 EL	Cranberry-Kompott – Rezept S. 92
0,4 l	Geflügelfond
2 – 4 EL	Maisstärke
	Spezialhalterung für Bier und Truthahn

Einen verschließbaren Gasgrill auf 175°C vorheizen. Die Gewürze verrühren, den Truthahn damit einreiben und mit Öl einpinseln. Falls helles Bier wegen der Dose gekauft wurde, dem Koch einschenken. Die leere Dose zur Hälfte mit dem dunklen Bier füllen. Zusätzliche Löcher in den Deckel der Bierdose stechen. Die Bierdose im Gestell in einer Auffangpfanne platzieren und den Truthahn auf die Dose setzen.

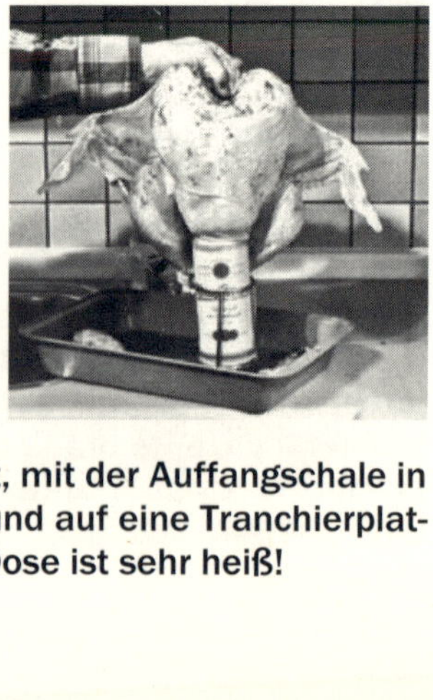

Der Truthahn wird indirekt gegrillt, d.h. nicht direkt über der Flamme, sondern in der Mitte zwischen den beiden Gasbrennern. Den Deckel des Grills schließen. Gelegentlich den Truthahn mit Fett aus der Auffangpfanne, dem übrig gebliebenen Gewürz und Bier einpinseln. Man rechnet als Garzeit je Pfund ca. 18 Minuten. Die Temperatur im Grill sollte gehalten werden, da der Truthahn bei größerer Hitze nicht schneller gar wird, sondern von außen schwarz wird und von innen roh bleibt. Den Truthahn, wenn er gar ist, mit der Auffangschale in die Küche bringen, ihn von der Bierdose nehmen und auf eine Tranchierplatte legen. Vorsicht: Die restliche Flüssigkeit in der Dose ist sehr heiß!

Die Bratenflüssigkeit mit Ansatz in einen Topf füllen. Cranberry-Kompott, etwas von der Gewürzmischung, den Brandy, ein Schuss Bier und den Geflügelfond hinzufügen und aufkochen lassen. Nach Bedarf 2 bis 4 Esslöffel Maisstärke einrühren und köcheln lassen, bis die Sauce dicklich wird. Sie kann nach Belieben auch mit Crème Fraîche verfeinert werden.

Auf diese Art und Weise können bei entsprechend reduzierter Grillzeit auch Hähnchen oder anderes Geflügel gegrillt werden.

Bei einem traditionellen Thanksgiving- oder Weihnachts-Dinner werden zum Truthahn z.B. folgende Beilagen serviert:

Cranberry-Kompott - Rezept S. 92
Cole Slaw - Rezept S. 58
Kartoffeln - Rezepte S. 48
Gemüse nach Geschmack
als Nachtisch eine Pastete

BIBER-JACKS FISCHPFANNE

1,5 kg	beliebiger Fisch – ausgenommen
2 TL	Salz
2	große Zwiebeln – in dickere Scheiben geschnitten
6	mittelgroße Kartoffeln – in dickere Scheiben geschnitten
6	Scheiben Speck – dünn geschnitten
250 ml	heißes Wasser

Den Fisch von innen und außen mit Salz einreiben und in eine Pfanne legen. ⅔ der Zwiebeln und Kartoffeln außen um den Fisch verteilen, den Rest in den Fisch legen. Die Speckscheiben auf dem Fisch verteilen. Das heiße Wasser von der Seite her eingießen und den Fisch bei 190 °C ca. 70 - 80 Minuten im Ofen backen.

FORELLEN IN MAISBLÄTTERN VOM GRILL

4	kleine Forellen – ausgenommen und ohne Kopf
4	Maiskolben in Blättern
	Butter

Die Forelle innen und außen salzen und pfeffern und Butterflöckchen in den Fisch geben. Von einem Maiskolben, der etwa so groß wie der Fisch ist, werden die Hüllblätter der Länge nach auf einer Seite aufgeschlitzt und vorsichtig zurückgestreift. Den Maiskolben herausbrechen, etwaige Maishaare entfernen und die Forelle anstelle des Maises hineinlegen. Die Blätter wieder verschließen und mit etwas Draht umwickeln. 10 Minuten in kaltes Wasser legen und von beiden Seiten 15 Minuten, oder bis der Fisch gar ist, grillen. Die Maiskolben ebenfalls grillen und mit Butter und Salz servieren.

GEGRILLTE FORELLE IM KARTOFFELMANTEL

4	Forellen
4	große Kartoffeln – in dünne Scheiben geschnitten
4 EL	Parmesan – gerieben
	Majoran
	Pfeffer und Salz
4 EL	Butterschmalz
4 EL	Öl
4	Fischgrillkörbe

Jeweils eine Seite des Fischgrillkorbes mit Kartoffeln belegen. Salzen, pfeffern, mit etwas Majoran und Parmesan bestreuen. Den Fisch darauflegen und von der anderen Seite die Zutaten in umgekehrter Reihenfolge darauf verteilen. Den Korb schließen und beide Seiten des Fisches mit einer Mischung aus Butterschmalz und Öl bestreichen. Den Grillrost mit etwas Öl einpinseln und die Fische von jeder Seite 4 – 5 Minuten direkt über der Glut grillen.

GEFÜLLTER LACHS

1	Lachs – ca. 2 kg
10	Scheiben Toastbrot – entrindet und in Würfel geschnitten
1	Zwiebel – fein gehackt
1	Zitrone – ausgepresst
¼ TL	Thymian
¼ TL	Majoran
	Salz und Pfeffer
	Öl

Den gesäuberten Lachs innen mit Salz einreiben und außen mit Öl bestreichen. Das Brot mit Gewürzen und Zitronensaft vermischen und den Fisch damit füllen. Den Lachs doppelt in Aluminiumfolie einwickeln und gut verschließen. Bei 180 °C ca. 45 Minuten im Ofen, Gasgrill oder über offenem Feuer garen.

GEBACKENER FISCH IN WEIN

1	ein Weißfisch, Forelle oder Lachs
4 EL	Butter
1	mittlere Zwiebel – fein gehackt
1	kleines Stück Sellerie – klein gehackt
1	kleine grüne Chilischote – klein gehackt
200 g	Brotkrumen
½ TL	Salz
⅛ TL	Pfeffer
½ TL	Dill
100 ml	Weißwein

Den Fisch innen salzen und pfeffern. Und auf eine große Aluminiumfolie legen. Zwiebeln, Sellerie und Chilischote in geschmolzener Butter 10 Minuten dünsten. Die Brotkrumen hinzufügen und 2 Minuten weiter köcheln lassen. Den Fisch damit füllen und die Folie bis auf eine kleine Öffnung oben um den Fisch wickeln. Den Wein durch diese Öffnung auf den Fisch gießen und sie verschließen. Bei 200 °C im Ofen oder im geschlossenen Grill backen. 10 Minuten pro 2,5 cm Dicke plus 15 Minuten.

HECHTFILET IM BIERMANTEL

1 kg	Hechtfilet – man kann auch Barsch oder ähnliche Fische nehmen
3	Eier
½	Dose kaltes Bier – etwas abgestanden
2 TL	Salz
100 g	Mehl
100 g	Maismehl
	Butter oder Öl

Die Eier schlagen bis sie schaumig sind. Das Bier und 1 Teelöffel Salz einrühren. In einer anderen Schüssel Mehl, Maismehl und das restliche Salz vermischen. Die Filets erst in die Flüssigkeit tunken, dann in die trockene Mischung und noch mal in die Eiermixtur. In Butter oder Öl braten, bis die Filets goldbraun sind und sich mit der Gabel leicht auseinander nehmen lassen.

GEWÜRZMISCHUNGEN, MARINADEN, SAUCEN UND DRESSINGS

BBQ-GEWÜRZMISCHUNG

½ TL	Knoblauchpulver
½ TL	Zwiebelpulver
½ TL	Salz
½ TL	Cayenne-Pfeffer
½ TL	schwarzer Pfeffer
½ TL	weißer Pfeffer
120 g	brauner Zucker
60 g	Paprikapulver – nach Geschmack mild oder scharf

Alle Gewürze miteinander gut vermischen. Das Grillfleisch damit einreiben und möglichst 10 Stunden im Kühlschrank ziehen lassen. Das Gewürz hält sich in einem Schraubglas sehr lange, ebenso wie die nächste Mischung.

MUSKOKA-GEWÜRZMISCHUNG

1 TL	Pfefferkörner – frisch zerstoßen
½ TL	Thymianpulver
½ TL	Chilipulver – scharf oder mild je nach Geschmack
1 TL	Paprika süß
1 TL	Zwiebelpulver
½ TL	Knoblauchpulver
½ TL	Dillpulver oder Dillspitzen
3 TL	getrocknete Petersilie

Die Gewürze im Mörser gut vermischen. Das Fleisch damit würzen und mindestens 4 – 5 Stunden ziehen lassen.

ROTWEIN-MARINADE

250 ml	trockener Rotwein
2 EL	Weinessig
2	Knoblauchzehen – zerdrückt
1 TL	Salz
1 TL	Oregano oder Basilikum – je nach Geschmack
2 EL	Öl

Alle Zutaten gut vermischen. Das Fleisch darin 2 – 6 Stunden ziehen lassen.

STEAK-MARINADE

1 EL	Öl
½ TL	Worchestersauce
1	Knoblauchzehe - zerdrückt
170 ml	Obstessig
½ TL	Salz
⅛ TL	Pfeffer

Alle Zutaten mischen und das Fleisch darin 2 – 6 Stunden ziehen lassen.

BBQ-SAUCE FÜR BURGER UND STEAKS

100 g	Butter
3	Zwiebeln - klein gehackt
100 ml	Obstessig
200 ml	Ketchup
100 g	brauner Zucker
1 TL	Rauchsalz - ersatzweise ½ TL Liquid Smoke
1 TL	Cayennepfeffer
1 EL	Worchestersauce

Die Zwiebeln in der Butter weich dünsten, die anderen Zutaten hinzufügen und alles auf die Hälfte einkochen und abkühlen lassen. Das Fleisch beim Grillen damit einpinseln oder zu gegrilltem Fleisch als Sauce servieren.

BEEF-GRAVY FÜR BURGER

60 ml	Wein
1	Zwiebel – klein gehackt
240 ml	Rindfleischfond – notfalls Hühnerfond
30 ml	Basilikumessig
	Pfeffer und Salz nach Geschmack
	Paprikapulver – nach Geschmack mild oder scharf
1 Prise	Thymian
2 EL	Butter
2 EL	Maismehl – mit kaltem Wasser gut verrührt

Die Zwiebeln in der Butter andünsten. Erst die flüssigen Zutaten hinzufügen, anschließend die Gewürze einrühren und 15 Minuten bei niedriger Hitze köcheln lassen. Das aufgelöste Maismehl einrühren, die Sauce aufkochen und simmern lassen, bis sie dicklich wird.

FARMER-SAUCE

6	Scheiben Speck – gewürfelt
2 EL	Mehl
½ TL	Salz
	Pfeffer nach Geschmack
480 ml	Milch
4	Eier – hart gekocht und klein gehackt

Den Speck knusprig braun braten und aus der Pfanne nehmen. Das Mehl im Fett anschwitzen, salzen, pfeffern und die Milch langsam einrühren. Auf kleiner Flamme unter Rühren zu einer dicken Sauce kochen. Den Speck und die Eier hinzufügen.
Die ersten Farmer kämpften nicht selten um die nackte Existenz. War kein Fleisch mehr im Haus, gab es zu den Kartoffeln nur diese Sauce.

BUTTERSCOTCH-SAUCE

2 EL	Butter
120 g	brauner Zucker
120 ml	Ahorn- oder Maissirup
4 EL	Sahne
1 EL	Rum - nicht zwingend erforderlich

Die Butter in einem schweren Topf bei niedriger Hitze zerlassen. Zucker und Ahornsirup hinzufügen und unter ständigem Rühren erhitzen, bis die Sauce etwas fest wird, aber nicht noch kristallisiert ist. Die Sahne und den Rum unterrühren.
Schmeckt sehr gut zu Pfannkuchen, Muffins oder Eis.

PILZ-MAYONNAISE

320 g	frische Champignons - sehr fein geschnitten
1 TL	Zitronensaft
240 ml	Mayonnaise
1 TL	Petersilie - sehr fein gehackt
1 EL	Kapern - fein gehackt

Die Pilze mit dem Zitronensaft übergießen, verrühren und 20 Minuten ziehen lassen. Die Mayonnaise mit den restlichen Zutaten und den Pilzen vermischen und nochmals 15 Minuten stehen lassen.
Die Pilz-Mayonnaise schmeckt sehr gut zu gegrilltem Fisch.

DRESSING TOBERMORY

4 EL	Ahornsirup
120 ml	Mais- oder Olivenöl
2 EL	Zitronensaft
1 TL	grobkörniger Senf
1 TL	Estragon - getrocknet
2 EL	Korinthen - gehackt
2 EL	Walnüsse - gehackt
	Pfeffer

Alle Zutaten miteinander verrühren und sofort über den Salat gießen.

DRESSING PIKE BAY

80 ml Walnussöl
30 ml Ahornsirup
15 ml Meerrettichsauce – nach Geschmack mild oder scharf
60 ml Rotweinessig
1 Knoblauchzehe – zerdrückt

Alle Zutaten gründlich verrühren und mindestens eine Stunde im Kühlschrank ziehen lassen.

WHISKY-DRESSING VON DER EAGLE LAKE RANCH

60 ml Ahornsirup oder Honig
60 ml Apfelessig
30 g brauner Zucker
1 Ei
1 EL Mehl
1 EL scharfer Senf
2 – 3 EL Whisky
½ EL Sahnemeerrettich

Alle Zutaten, bis auf Senf, Whisky und Meerrettich, gründlich in einem Topf verrühren. Bei mittlerer Hitze unter ständigem Rühren 5 Minuten köcheln lassen. Anschließend aufkochen lassen, bis die Masse dicklich wird. Senf und Whisky einrühren und 30 Sekunden weiter köcheln lassen und vom Herd nehmen. Den Meerrettich einrühren, das Dressing abkühlen lassen und in einen fest verschließbaren Glasbehälter füllen. Das Dressing hält sich bis zu 4 Wochen im Kühlschrank.

DESSERTS UND ANDERE SÜßE DINGE

Jacky Belliveau's Cranberry-Kompott

400 g **frische Cranberrys oder 100 g getrocknete Cranberrys**
240 g **Zucker**
240 ml **Wasser**
1 EL **Zitronensaft**
1 TL **abgeriebene Zitronenschale**

Zucker, Wasser und Cranberrys (getrocknete über Nacht einweichen) in einem Topf erhitzen, bis der Zucker geschmolzen ist. 10 Minuten bei niedriger Hitze simmern lassen und mehrfach umrühren. Den Zitronensaft und die Zitronenschale einrühren und eine Stunde bei niedriger Temperatur köcheln lassen. Wenn die Sauce abkühlt, wird sie dicker.
Im Kühlschrank aufbewahren, dort hält es sich mindestens eine Woche.

Indianischer Maispudding

120 g **Maismehl**
960 ml **Milch**
120 ml **Ahornsirup**
60 ml **Maissirup**
2 **Eier – verquirlt**
2 EL **geschmolzene Butter**
80 g **brauner Zucker**
1 Prise **Salz**
1 Prise **Muskatnuss**
120 ml **kalte Milch**

Die Milch erhitzen und das Maismehl einrühren. Bei sehr geringer Hitze unter häufigem Rühren 20 Minuten auf dem Herd quellen lassen. Den Ofen auf 150 °C vorheizen. Alle Zutaten, bis auf die kalte Milch, gut mit dem Maisbrei verrühren und in eine gefettete, feuerfeste Form geben. Die kalte Milch obenauf schütten. Den Pudding etwa zwei Stunden backen lassen, bis er insgesamt fest, aber oben noch etwas feucht ist.

CHIPPEWA-DESSERT

250 ml	Wasser
110 g	Wildreis
225 ml	Ahornsirup
	Zimt
1 Prise	Muskat
	Salz
80 g	Walnüsse - gehackt
340 ml	süße Sahne - steif geschlagen
2	saure Äpfel z.B. Boskop - in Schnitze geschnitten
	halbe Walnüsse zum Garnieren

Den Reis mit Wasser und Salz in einen Topf geben, aufkochen, 30 Minuten köcheln lassen und abgießen. Den Backofen auf 200 °C vorheizen. Die Hälfte des Ahornsirups mit Muskat, Zimt, Äpfeln und gehackten Walnüssen vermischen und mit dem Wildreis verrühren. Diese Mixtur in eine gefettete feuerfeste Form geben und eine Viertelstunde lang im Ofen backen. Die Sahne mit dem restlichen Ahornsirup vermischen und kurz vor dem Servieren auf das warme Dessert geben. Mit etwas Zimt bestreuen und mit Walnusskernen garnieren.

WINTER-DESSERT

150 g	getrocknete Äpfel - in kleine Stücke geschnitten
1	mittleres Glas Apfelmus
3 EL	Honig
120 g	Nüsse - was immer da ist - gehackt
120 g	Rosinen
4 EL	Rum
	Schlagsahne

Die Trockenäpfel mit Apfelmus, Honig, Nüssen und Rosinen etwa 15 Minuten bei niedriger Hitze köcheln lassen und gelegentlich umrühren. Den Rum einrühren und heiß, mit Schlagsahne garniert, servieren.

GRANDMA SHAWANAS ZIMTÄPFEL

4 große rote Backäpfel – halbiert und ohne Kerngehäuse
4 TL Butter
10 TL Zucker
1 TL Zimt
125 ml Wasser
125 ml Ahornsirup – notfalls Maissirup
50 g Walnüsse – gehackt
Schlagsahne oder Vanillesauce nach Geschmack

Zucker und Zimt verrühren. Die Äpfel in eine flache Backform legen. In die Höhlung der Äpfel jeweils ½ Teelöffel Butter und 1 Teelöffel der Zucker-Zimt-Mixtur füllen. Das Wasser mit dem Sirup leicht erwärmen, vermischen und über die Äpfel gießen. Bei 175°C ca. 45 Minuten backen. Vor dem Servieren die Nüsse über die Äpfel streuen und, wenn gewünscht, mit Schlagsahne oder Vanillesauce toppen.

WHISKY-BROT-PUDDING

480 g Brotwürfel von altbackenem Weißbrot
120 g brauner Zucker
1 TL Zimt
1 TL Vanille
600 ml Milch
120 g Rosinen
2 Eier – verquirlt
120 g Walnüsse – gehackt
8 EL Whisky
2 EL Butter

Brotwürfel mit Zucker, Salz und Zimt vermischen. Vanille, Rosinen, Eier, Walnüsse und Whisky hinzufügen und gut verrühren. Die Masse in eine gefettete Backform 20 x 20 cm füllen und Butterflöckchen auf die Masse setzen. Bei 160°C 45 Minuten backen oder bis ein Messer, das in den Pudding gestochen wird, sauber wieder herauskommt.

ERDNUSS-FUDGE

120 g	Erdnussbutter
160 ml	Kondensmilch
420 g	Zucker
60 g	Erdnüsse - klein gehackt
60 g	Backschokolade - geschmolzen

Die Erdnussbutter, Milch und Schokolade gut verrühren. Zucker und Nüsse hinzufügen, alles verkneten und zu einer Rolle von 2,5 cm Durchmesser formen. Die Rolle in gewachstes Butterbrotpapier einwickeln und 4 - 5 Tage in den Kühlschrank legen. In Scheiben geschnitten servieren.

SCHOKOLADEN-FUDGE

480 g	Zucker
2 EL	Maissirup
180 ml	Milch
60 g	Backschokolade
2 EL	Butter
1 TL	Vanillezucker
240 g	Nüsse - fein gehackt

Zucker, Sirup, Milch und Schokolade solange köcheln lassen, bis ein Teelöffel der Masse, in kaltes Wasser getaucht, sich zu einem weichen Ball formt. Vom Herd nehmen und die Butter einkneten. Gut abkühlen lassen. Die Vanille und Nüsse hinzufügen und schlagen, bis die Masse cremig wird. In eine gefettete Pfanne von 20 x 20 cm füllen und kühlen. In Vierecke geschnitten servieren.

KÜRBIS-MARMELADE

2,5 kg	Kürbisfleisch – in Stücke geschnitten
3	Zitronen – in sehr dünne Scheiben geschnitten
1	Orange – in sehr dünne Scheiben geschnitten
2 kg	Gelierzucker
250 ml	Wasser
60 ml	Brandy

Das Kürbisfleisch in einen großen schweren Topf füllen und mit den Zitrusfrüchten abdecken. Den Zucker darüber verteilen und über Nacht stehen lassen. Am nächsten Tag das Wasser dazu geben und 2,5 Stunden bei mittlerer Hitze simmern lassen oder bis eine dickliche Masse entstanden ist. Den Brandy einrühren und die Marmelade in sterilisierte Gläser füllen und versiegeln.

PAPRIKAMARMELADE

1 kg	rote Paprika – in kleine viereckige Stücke geschnitten
4	Zitronen – entkernt und mit Schale in kleine Stücke geschnitten
330 ml	Wasser
1,2 kg	Zucker
4	Zimtstangen
4	Vanilleschoten
400 g	Gelierzucker
100 ml	Kräuterlikör

Das Wasser mit dem Zucker aufkochen. Anschließend Zitronen, Zimtstangen und Vanilleschoten hinzufügen und ca. 5 Minuten weiterkochen. Die Paprikastücke dazugeben und kochen bis der Paprika fast gar ist, aber noch Biss hat. Den Gelierzucker einrühren und nochmals 4 Minuten kochen lassen. Zimtstangen und Vanilleschoten entfernen und einen kleinen Teil der Marmelade pürieren. Diese Masse und den Kräuterlikör mit der restlichen Marmelade mischen, heiß in sterilisierte Gläser füllen und gut verschließen.

Diese Marmelade ist auf Crackern mit kräftigem Käse oder auch Frischkäse zum Aperitif sehr beliebt.

PASTETEN, KUCHEN UND GEBÄCK

FLAPJACKS – HOLZFÄLLERKEKSE

250 g	Haferflocken
200 g	Butter
200 g	Zucker
100 g	Mehl
1 TL	Backpulver
1	Päckchen Vanillezucker
2	Eier – verquirlt

Haferflocken in eine feuerfeste Schüssel geben. Die Butter in der Pfanne zerlassen und mit den Haferflocken verrühren. Während die Masse abkühlt, Backpulver, Mehl, Zucker und Vanillezucker vermixen und anschließend einrühren. Die Eier dazugeben und alles verkneten (am besten mit einem Knethaken, da die Mixtur äußerst klebrig ist). Mit einem gemehlten Löffel kleine Portionen häufchenweise auf ein gefettetes Backblech setzen und etwas platt drücken. Bei 200°C etwa 15 – 20 Minuten backen oder bis sie goldbraun sind. Zum Ende der Backzeit gut achtgeben, da sie schnell verbrennen.

NUSS-BROWNIES

150 g	Butter
300 g	Zartbitterschokolade – gehackt
80 g	Vollmilchschokolade – gehackt
200 g	Zucker
1 EL	Vanillezucker
4	Eier – leicht verquirlt
100 g	Mehl
175 g	Walnüsse – gehackt
1 Prise	Salz

Den Ofen auf 180°C vorheizen. Die Butter mit der Zartbitterschokolade in einem Topf schmelzen lassen. Zucker, Vanillezucker und Salz mit der Masse vermischen. Die Eier langsam unterrühren. Mehl, Nüsse und Vollmilchschokolade unterheben. Den Teig in eine flache, gefettete Backform (20 x 28 cm) füllen und 35 Minuten bei 175°C, oder bis sich der Teig vom Rand löst, backen. In der Form auskühlen lassen und stürzen. In 3 – 4 cm große Würfel schneiden und gekühlt aufbewahren.

ERDNUSSBUTTER-KÜCHLEIN

180 g **Butter oder Margarine**
375 g **brauner Zucker**
125 g **Erdnussbutter**
2 **Eier - geschlagen**
500 g **Mehl**
½ TL **Salz**
2,5 TL **Backpulver**
180 ml **Milch**
1TL **Vanille**

Butter und Zucker cremig rühren. Die Erdnussbutter einrühren und gut vermischen. Die Eier hinzufügen und den Teig gut vermengen. Die restlichen Zutaten unter ständigem Rühren nacheinander hinzufügen. Den Teig in eine gefettete Muffinform geben; jedes Förmchen nur zu ⅔ füllen. 20 Minuten bei 190 °C backen.
Ergibt ca. 24 Küchlein

GRUNDTEIG FÜR PASTETEN

540 g **Mehl - durchgesiebt**
160 g **Butter oder Schmalz - in kleine Stücke geschnitten**
½ TL **Salz**
80 ml **Wasser**

Das Salz und Mehl gut vermischen. Die Butterstücke in das Mehl einarbeiten. Das Wasser teelöffelweise zu der Masse geben und durcharbeiten bis alle Mehlklöße gelöst sind. Nur soviel Wasser verwenden, dass der Teig zusammenhält, wenn man ihn durch die Finger presst. Den Teig zu einem Ball formen und auf einer gemehlten Fläche zu einem Kreis von 3 - 4 mm Dicke ausrollen. Der Kreis sollte 2,5 cm größer sein, als die verwendete Pastetenform. Den Teig in die Pastetenform drücken.
Für eine gedeckte Pastete doppelt soviel Teig herstellen und teilen.
Für vorgebackene Pastetetenböden den Teigboden mit der Gabel mehrfach einstechen, damit sich keine Blasen bilden. Bei 225 °C 12 - 15 Minuten backen.
Ein Teigüberschuss kann eingefroren werden.

CAROLS UND EARLS BUTTERTÖRTCHEN

Für dieses Rezept aus Carols und Earls Restaurant auf Manitoulin Island einen Pastetengrundteig zubereiten.

1	Ei – gut verquirlt
80 g	Butter
240 g	brauner Zucker
2 EL	Milch
120 g	Rosinen
1 TL	Vanille

Den Teig 3 mm dick ausrollen und in vier Kreise schneiden. Den Teig in 4 mittelgroße Pastetenformen pressen. Alle anderen Zutaten gut vermischen und die Pasteten damit zu ⅔ füllen. Bei 225 °C 8 Minuten backen, dann die Hitze auf 175 °C vermindern und 15 – 20 Minuten backen oder bis die Pasteten appetitlich braun sind.

AHORNSIRUP-PASTETE MIT BAISERHAUBE

1	vorgebackener Pastetenboden, Rezept S. 99
240 ml	Ahornsirup
6 TL	Mehl
120 ml	Wasser
2	Eigelb – verquirlt
1 EL	Butter
60 g	Walnüsse – gehackt
2	Eiweiß
1	Prise Salz
60 g	Zucker

Den Ahornsirup im Wasserbad erhitzen. Mehl und Wasser verrühren, bis die Masse klümpchenfrei ist. Nach und nach in den warmen Ahornsirup einrühren. Ungefähr 10 Minuten einkochen und dabei weiterrühren, bis die Masse dicklich wird. Etwas von der heißen Mixtur abnehmen und mit dem Eigelb vermischen und zurück in die Mischung geben. Weiterrühren und 3 – 4 Minuten weiterkochen. Vom Herd nehmen und Butter und Walnüsse einrühren. Etwas abkühlen lassen und in den Pastetenboden füllen.
Für die Baiserhaube: Eiweiß und Salz steif schlagen, nach und nach den Zucker dabei einrieseln lassen. Auf der Füllung verteilen. 15 Minuten bei 180°C oder bis die Baisermasse leicht gebräunt ist, backen lassen.
Statt der Baiserhaube kann man auch Schlagsahne auf die Pastete geben.

HOLUNDERPASTETE (MENNONITEN)

	Grundteig für Pastetenböden, Rezept S. 99
250 ml	Holunderbeersaft
60 g	Mehl
240 g	Zucker
¼ TL	Salz
1	Eiweiß – steif geschlagen
1	Eigelb
240 ml	Milch

Den Teig in eine Pastetenform pressen. Den Saft zum Kochen bringen. Zucker, Mehl und Salz mit 60 ml Milch zu einer Paste verarbeiten und zum heißen Saft hinzufügen. Simmern lassen, bis die Masse dicklich wird. Vom Herd nehmen, die restliche Milch und das Eigelb hinzufügen und gut verrühren. Das steif geschlagene Eiweiß vorsichtig unterheben und in den Pastetenboden füllen. Die Pastete 30 Minuten bei 175°C backen.

GEDECKTE BLAUBEERPASTETE

	Grundteig für Pastetenböden S. 99 – für Boden und Deckel
700 g	Waldblaubeeren – notfalls Kulturblaubeeren
250 ml	Sauerrahm
5 EL	Mehl
360 g	Zucker
1	Päcken Vanillezucker
¼ TL	Salz
1	Ei – verquirlt
3 EL	Nüsse – Walnüsse oder Haselnüsse – fein gehackt
1,5 EL	Butter

Den Teig in eine Pastetenform von 23 cm Durchmesser drücken. Sauerrahm, 2 Esslöffel Mehl, Zucker, Vanillezucker, Salz und Ei fünf Minuten mixen. Die Beeren hinzufügen, die Masse auf den Pastetenboden geben und mit dem restlichen Teig bedecken. Im vorgeheizten Backofen bei 200 °C ca. 25 Minuten backen. In der Zwischenzeit die Nüsse, das restliche Mehl und die Butter zu Streuseln verarbeiten. Die Pastete kurz aus dem Ofen nehmen, damit bestreuen und weitere 10 Minuten backen. Vor dem Servieren auskühlen lassen.

JONNY-CAKE

180 g	Maismehl
240 g	Weizenmehl
1,5 TL	Backsoda
1 TL	Cream Tartar-Pulver
½ TL	Salz
2,5 EL	Zucker
1	Ei – verquirlt
240 ml	Sour Cream
4 EL	Milch

Alle trockenen Zutaten vermischen. Die feuchten Zutaten hinzufügen und verrühren, bis ein dicker Teig entsteht. In eine gefettete, quadratische Kuchenform von 20 x 20 cm füllen und bei 220 °C 20 Minuten backen.
Als Belag zum Servieren eignen sich: Ahornsirup, Schlagsahne, Früchte, Fruchtmarmelade oder Honig, mit Zimt verrührt.

TEHKUMMAH KUCHEN (MANITOULIN ISLAND)

3	Eier
100 g	brauner Zucker
150 g	Butter - zerlassen
150 g	Weizenmehl
75 g	Maismehl
1 TL	Backsoda
100 ml	Milch
2 EL	Rum
250 g	frische Cranberrys - notfalls getrocknete einweichen
100 g	Schokolade - gehackt
125 g	Mandeln - gestiftelt
400 g	Frischkäse
4 EL	Ahornsirup
200 ml	Schlagsahne

Den Ofen auf 200 °C vorheizen. Mehl, Maismehl und Backsoda mischen und beiseite stellen. Die Eier mit dem Zucker cremig schlagen. Zuerst die zerlassene Butter, dann die Mehlmischung mit der Milch und zuletzt den Rum einrühren. Cranberrys, Schokolade und 50 g Mandeln dazugeben und verrühren. Die Masse in eine gefettete Backform (20 x 30 cm) oder entsprechende runde Springform füllen, glatt streichen und im vorgeheizten Ofen etwa 20 – 25 Minuten backen. Den Kuchenrand mit einem Messer vorsichtig lösen, stürzen und auf einem Gitter erkalten lassen.
Für den Belag den Frischkäse mit dem Ahornsirup glatt rühren. Die steif geschlagene Sahne darunter heben und die Creme auf den ausgekühlten Kuchenboden streichen. Mit den restlichen Mandeln bestreuen.

Kochbücher und mehr aus dem Buffalo Verlag

Die Autorin der Kochbücher, auch eine begeisterte Natur- und Tierfotografin, bereist seit 1991 mehrmals im Jahr den Südwesten der USA und verbrachte einen großen Teil des Jahres 2007 in Kanada. Auf diesen Reisen sammelte sie alte Familienrezepte bei Pow-Wows, Einladungen auf Ranches und anderen persönlichen Begegnungen mit den alten und neuen Einwohnern Nordamerikas. Die Rezepte beruhen weitgehend auf mündlichen Überlieferungen, nach denen in früherer Zeit bei Cowboys, Ranchern, Indianern, Trappern, Holzfällern, Händlern und Farmern die Mahlzeiten zubereitet wurden. Für ihr andalusisches Kochbuch bereiste Ute Tietje zur Recherche seit 2000 mehrfach Andalusien.

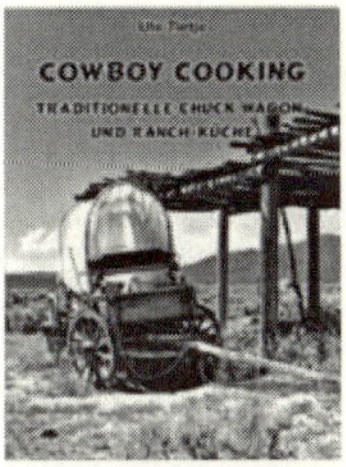

Cowboy Cooking – Ute Tietje

Traditionelle Chuck Wagon- und Ranch-Küche

104 Seiten – viele s/w-Fotos – ISBN 978-3-98091-410-9

Buffalo Verlag, Verden, 3. Auflage 2007 – 11,90 €

Die jeweilige Tätigkeit eines Cowboys bestimmte in der Regel die Art seiner Mahlzeiten. Auf der Ranch war das Angebot durch frische Lebensmittel üppiger als auf einem monatelangen Trailritt. Als „Lonesome Rider" auf der Suche nach verirrten Rindern begrenzten sich die Lebensmittel des Cowboys auf das, was in die Satteltasche passte. Auf einem Round Up wiederum konnte er sich darauf verlassen, dass der Koch am Chuck Wagon für die hart arbeitenden Männer entsprechende Mahlzeiten zubereitete.

Indian Cooking – Ute Tietje

Indianische Küche des Südwestens und der Plains

104 Seiten – viele s/w-Fotos – ISBN 978-3-98091-411-6

Buffalo Verlag, Verden – 4. Auflage 2008 – 11,90 €

Trotz der leidvollen Vertreibungsgeschichte der einzelnen Indianerstämme bei der Eroberung ihres Lebensraumes durch europäische Siedler haben die überlebenden Stämme ihre Kultur nicht nur teilweise bewahrt, sondern pflegen sie heute wieder mit angemessener Würde und Stolz. Zu ihrer Kultur gehören die traditionellen Gerichte ihrer Vorfahren.

Texas-BBQ – Ute Tietje

Grillen wie die Rancher und Cowboys

104 Seiten – viele s/w-Fotos – ISBN 978-3-98091-418-6

Buffalo Verlag, Verden 2009 – 11,90 €

Das BBQ hat in Texas Tradition und wird ganzjährig zu vielen Gelegenheiten mit verschiedenen Grillmethoden zelebriert. Ob beim Ranchfest, Country-Parties, gemeinsamem Jagen, Angeln mit den Kindern, Familienausflügen in Naturparks oder nur einfach beim nachbarlichen Treffen. Neben dem Hauptgrillgut bietet dieses Kochbuch nicht nur Rezepte für Marinaden und BBQ-Saucen, sondern auch für die beliebten Beilagen und alkoholfreien Getränke, ohne die ein zünftiges Texas-BBQ nicht denkbar ist.

Nordamerika vegetarisch – Ute Tietje

Aus der Küche der Indianer und Pioniere

104 Seiten – viele s/w-Fotos – ISBN 978-3-98091-416-1

Buffalo Verlag, Verden 2008 – 11,90 €

Die Ernährung der Indianer war wesentlich abwechslungsreicher, als man vermuten würde; selbst bei den nomadischen Jägerstämmen standen erstaunlich viele vegetarische Gerichte auf der Speisekarte. Die Einwanderer aus der Alten Welt mussten ihre Essgewohnheiten den harten Bedingungen des riesigen Kontinents anpassen, so dass öfter als ihnen lieb war, vegetarische Kost auf dem Plan stand.

Andalusische Küche – Ute Tietje

Iberische Köstlichkeiten mit maurischem Erbe

104 Seiten – viele s/w-Fotos – ISBN 978-3-98091-414-7

Buffalo Verlag, Verden 2006 – 11,90 €

Die mediterrane Küche des Südwestens der iberischen Halbinsel, beeinflusst von den Mauren, hat die andalusische Esskultur geprägt. Die Speisen in Andalusien sind – den warmen Temperaturen angemessen – zumeist leicht und gut bekömmlich. Der Einfluss des Orients ist in vielen Gerichten spürbar. Die Mauren kombinierten auf kreative Weise Fleisch und Fisch mit Früchten, Kräutern, Nüssen, aber auch scharfen Gewürzen. So gehören Beigaben von Mandeln, zerstoßenen Nüssen, Pistazien, Pinienkernen, Korinthen, Feigen, Melonen, Orangen und anderen Früchten, ja selbst Schokolade zu Fisch- und Fleischgerichten zu ihrem Erbe.

Carmen in fünf Akten – Ute Tietje

Ein Internetdate mit überraschenden Folgen

208 Seiten – gebunden – ISBN 978-3-98091-413-0

Buffalo Verlag, Verden 2006 – 13,90 €

Die 55-jährige Anne, eine gebildete, selbständige Frau, lernt als „Carmen" in einer Internet-Kontaktbörse den attraktiven Andalusier Juan kennen. Der gut situierte, geschiedene 62-jährige gibt sich offen und weltgewandt und bezaubert Anne während ihrer ersten Treffen in Deutschland. Eingeladen in sein luxuriöses Anwesen in seiner Heimat, genießt Anne seine Aufmerksamkeit und das herrliche andalusische Ambiente. Doch nach und nach entwickelt sich der einfühlsame Traummann in einen von sich viel zu überzeugten Macho, der trotz seines Alters, das sich als wesentlich höher als ursprünglich angegeben erweist, nur eines im Kopf hat: Sex. Dann trifft in der letzten Woche zur Wahrung des guten Rufs der Familie auch noch die überraschend vorhandene Ehefrau ein, die die Beziehung zwischen Juan und Anne ausdrücklich befürwortet, um ihren eigenen Liebespfaden nachgehen zu können.
Hin und her gerissen zwischen konventioneller Einstellung, Faszination, Verliebtheit und Neugier, wie sich diese Dreiecksgeschichte weiter entwickelt, bleibt Anne und versucht, die Situation mit Humor und Stil zu meistern. Reichlich genervt wieder in Deutschland muss sie feststellen, dass ihr spanischer Gentleman die Beziehung per Mail beendet hat, vorgebend, seine Ehe retten zu müssen. Als Anne ihren Latin Lover kurze Zeit später unter anderem Decknamen erneut im Internet auf Partnersuche findet, sinnt sie auf Rache ....

Carmen meets Don Juan! Schwungvoll und erotisch, gewürzt mit einer gehörigen Portion schwarzem Humor, beschreibt Ute Tietje ein turbulentes Liebesabenteuer in den reifen Jahren.

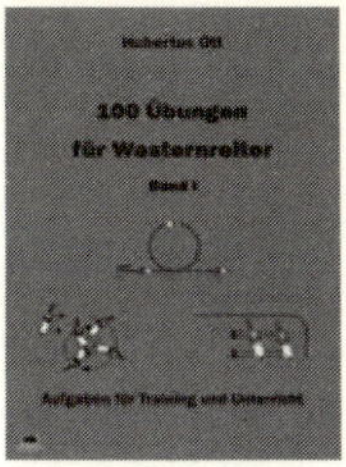

100 Übungen für Westernreiter - Hubertus Ott

- Band I - Aufgaben für Training und Unterricht

108 Seiten - mehr als 100 Graphiken - ISBN 978-3-98091-412-3

Buffalo Verlag, Verden, 2. Auflage 2009 - Preis: 14,90 €

Die Übungen in diesem Buch, die sich in Hubertus Otts langjähriger Praxis als Trainer bewährt haben, sind in aufsteigendem Schwierigkeitsgrad geordnet, so dass das Training methodisch organisiert werden kann. Klar und verständlich werden die Übungen anhand von Graphiken erklärt, so dass jeder seine Trainingsarbeit selbst abwechslungsreich gestalten kann. Zusätzlich zu grundlegenden Übungen zur Rittigkeit (Übergänge, Bahnfiguren, Gymnastizierung usw.) sind auch allgemeine Horsemanship- und Trailaufgaben enthalten sowie für das Westernreitabzeichen in Bronze Horsemanship- und Geländeaufgaben.

100 Übungen für Westernreiter
Hubertus Ott und Philipp Martin Haug

- Band II - Übungen für Fortgeschrittene

144 Seiten - ca. 150 Graphiken - ISBN 978-3-98091-419-2

Buffalo Verlag, Verden, 2. Auflage 2009 - 16,90 €

Die Übungen dieses zweiten Bandes, die wie in Band I aus der Praxis entstanden sind, richten sich mit ihren anspruchsvolleren Lektionen an den bereits fortgeschrittenen Westernreiter. Sie geben wertvolle Tipps zum Ausbildungs- und Trainingskonzept für das tägliche Training. Angehende Trainer, die sich auf die Trainerprüfung vorbereiten, erhalten hilfreiche Hinweise.
Die Manöver sind anschaulich in Skizzen beschrieben und gedanklich leicht umzusetzen, so dass man seine Trainingsarbeit selbst abwechslungsreich gestalten kann. Hauptthemen sind Übungen zur Gymnastizierung, Galopparbeit, zu fliegenden Wechseln, Stopps und Spins.

100 Übungen für Freizeit- und Turnierreiter
Hubertus Ott und Ute Tietje

- Aus der Praxis für die Praxis

ISBN 978-3-98113000-0-1

Buffalo Verlag, Verden, Dezember 2009 - 15,90 €

„Reiten lernt man nur durch reiten." Daran hat sich bis heute nichts geändert. Nur stetes Training ebnet den Weg zu entspannten, befriedigenden Ausritten und zu guter Leistung im Turniersport.
Doch Üben muss auch im klassischen Reitsport nicht zwangsläufig langweilig sein. Kreative Übungen erhalten die Aufmerksamkeit des Pferdes und motivieren es zur Mitarbeit. Die weit über 100 Aufgaben versetzen dazu den Reiter in die Lage, leicht zu erkennen, was verbessert werden muss und was sich bereits verbessert hat.
Ziel ist es, durch inspirierende Übungen für individuelles Training ohne Langeweile für Pferd und Reiter Korrektheit und Gelassenheit bei der Aufgabenbewältigung zu erreichen.

Rezensionen und weitere Informationen über die Bücher finden Sie auf der Verlagsseite:

www.buffalo-verlag.de